»Die Liebe ist das Leben, ist das Wesentliche. Aus ihr entfalten sich die Verse, die Taten und alles Übrige. Die Liebe ist das Herz des Ganzen.« So sind nicht nur die Gedichte, die Wladimir Majakowski an und über Frauen schrieb, sondern auch seine Revolutionsgedichte als Liebesgedichte zu lesen. Mit seinen leidenschaftlichen politischen Werken gilt er als poetischer Wegbereiter der Sowjetunion, jedoch bleibt auch diese ideelle Liebe, wie die meisten seiner weltlichen, nicht ohne Enttäuschungen. Seine wohl schönsten Poeme sind Lilja Brik gewidmet, der Frau seines Verlegers Ossip Brik. Seit der ersten Begegnung 1915 bis zu seinem Tod verbindet ihn eine dramatische Liebe zu ihr.

Nach einem bewegten Leben begeht Wladimir Majakowski 1930 im Alter von nur 37 Jahren Selbstmord. In seinem Abschiedsbrief schreibt er: »Lilja, liebe mich ... Wie man so sagt, der Fall ist erledigt, das Boot meiner Liebe ist am Alltag zerschellt ...«

insel taschenbuch 3347
Wladimir Majakowski
Liebesgedichte

Wladimir Majakowski
Liebesgedichte

Ausgewählt und mit
einem Nachwort versehen
von Kurt Drawert
Insel Verlag

2. Auflage 2018
Insel Verlag Berlin

Erste Auflage 2008
insel taschenbuch 3347
© dieser Ausgabe Insel Verlag Frankfurt am Main und Leipzig 2008
Quellenverzeichnis am Schluß des Bandes
Vertrieb durch den Suhrkamp Taschenbuch Verlag
Satz: Hümmer GmbH, Waldbüttelbrunn
Printed in Germany
Umschlag: hißmann, heilmann, hamburg
ISBN 978-3-458-35047-7

I
Schroff ist der Abgrund
der Leidenschaft

Wirbelsäulenflöte
Prolog

Ein Prost allen,
die mir je gefielen oder gefallen
– verewigt im Seelenschrein Bild an Bild –,
heb ich als edelste von allen Schalen
hier diesen Schädel mit Versen gefüllt.

Immer öfter überleg ich: –
setzt man nicht am besten
den Schlußpunkt mit einer Kugel ins Herz?
Heut geb ich auf jeden Fall
diesen letzten
Abend eines Abschiedskonzerts.

Gedächtnis!
nun schar mir im Saal meines Hirnes
die randlose Reihe meiner Geküßten.
Gieß lachenden Blick unter heitere Stirnen.
Drapier die Erinnerung mit Brautnachtgelüsten.
Laß Leiber vollaufen mit Wohlgefühlen.
Nachklinge die Nacht im Wonnegeheule.
Denn heute will ich mal Flöte spielen
auf meiner eigenen Wirbelsäule.

Ich malme die Meilen, mit Stiefeln sie klopfend.
Doch wohin mit der Hölle! der inneren Nacht!
Sag, welcher jenseitige E. T. A. Hoffmann
hat dich, Vermaledeite, ausgedacht?!

Straßen – zu eng für dies Grölen und Grinsen;
viel Gala, zusammengelöffelt fürs Fest.
Ich denke.
Gedanken sind Blutgerinsel,
sind Embolien, die der Schädel entläßt.

Selbst ich,
sonst ein Meister, ein Volksfest zu würzen,
find heut keinen Anschluß, muß einsam verkümmern.
Ich könnte mich glatt auf den Newski stürzen
und schlüge mein Haupt auf dem Pflaster in Trümmer.
Wild hab ich gelästert:
keinen Gott kann es geben!
Wer ahnte, daß Gott aus der Hölle hübe
solch Eine, vor der sogar Berge beben:
die zog er hervor und befahl mir:
– »jetzt liebe!«

Gott ist es zufrieden.
Vorm Weltall im Abgrund
verdarb ein Mensch, verstarb für immer.
Gott reibt sich die Hände,
wie man Genugtuung kundtut.

Gott denkt dabei:
– »na, warte, Wladimir!«
Gott, mich reinzulegen, ersann
(um dich zu verschlüsseln,
dein Sein zu verknoten)
dir einen ordnungsmäßigen Mann,
aufs Klavier tat er menschenmögliche Noten.
Zur Schlafzimmertür sich schleichen zu wollen,
eure Steppdecken insgeheim zu bekreuzigen, –
ich weiß:
gleich riechts nach versengter Wolle,
gebranntem Teufelsfleisch, schwefelbeizigem.

Ich aber, statt dessen, bis zum Dämmer-Spülicht,
wälzte mich,
entsetzt, daß man dich zur Liebe entführ,
schliff die Schreie zu Versen,
bis ins kalte Frühlicht,
ein schon halbverrückter Juwelier.
Jetzt Karten dreschen!
und mit Rotwein, verdammt,
des gemarterten Herzens Kehle durchnässen.

Ich brauch dich nicht!
will dich nicht!
weg mit dir, weg!
einerlei, ich weiß,
daß ich demnächst verreck.

Wenns wahr ist, daß du bist,
Gott, mein Gott,
der Allverehrte,
daß deine Hand den Sternteppich knüpfte und rollte,
und meine Qual, die tagtäglich vermehrte,
wirklich von dir kommt, o Herr, diese Folter,
dann leg um den Hals dir die Richterkette.
Erwarte gefälligst meine Visite.
Ich komme pünktlich,
laut peinlicher Etikette.
Hör mich an,
Oberster Inquisitor!

Den Mund versiegel ich.
Kein Gebrüll noch Gezeter,
nur Blut von zerbissenen Lippen wird sintern.
Knüpf, wie an Roßschweife, mich an Kometen,
los! zerfleische mich hart
an den Sternhimmels-Zinnen.
Oder nein, –
wird meine Seele dem Leib sich entbalgen,
vor dich hinzutreten,
du sturer Rächer,
dann schling du
die Milchstraße um einen Galgen
und knüpf mich dran auf als argen Verbrecher.
Tu mir, was du willst.
Ich will eigenhändig
die Hände dir waschen.
Tu mir das Schlimmste.

Nur –
laß sie verschwinden, tot oder lebendig,
die du zu meiner Liebsten bestimmtest.

Ich malme die Meilen, mit Stiefeln sie klopfend.
Doch wohin mein Inferno, diese Folter bei Nacht!
Sag, welcher jenseitige E. T. A. Hoffmann
hat, Vermaledeite, dich ausgedacht?!

2

Seine Bläue vergaß
der Himmel im Trüben.
Wolken ziehen hin wie zerlumpte Flüchtlinge;
dies alles durchstrahlt meine letzte Liebe,
grell wie die Wangen eines Schwindsüchtigen.

Will wonnevoll über die Rotten mich heben,
die fern der Heimat sich balgen, verblendet.
Hört,
Leute –!
krabbelt aus den Schützengräben.
Euern Krieg könnt ihr später beenden.

Und tobt auch
die Schlacht
im Blutrausch bacchantisch,
tut immer noch not
das Liebeswort an ein Mädchen.

Ich weiß ja,
euer Kußmaul schmachtet romantisch,
ihr biedern Deutschen, nach Goethes Gretchen.

Der Franzose,
im Sterben,
belächelt seine Wunde,
lächelnd stürzt der Flieger, vom Abschuß ereilt,
wenn sein Gedanke in letzter Stunde
bei deinem Kuß, Traviata, verweilt.

Doch was soll mir heut derlei Fruchtfleischzeug
rötlich,
von ganzen Jahrhunderten durchgekaut?
Zu anderen Füßen seid niedergenötigt!
Dich sing ich,
Geschminkte, du rothaarige Haut.

Mag sein, daß von unseren elenden Tagen,
grauenvoll wie Bajonette und Dolche,
sobald unsre Jahre erst Weißbärte tragen,
nur wenige übrigbleiben, solche
wie du
und wie ich,
der dich von Stadt zu Stadt verfolge.

Solltest du hinter die Meere entschweben
und sollte dir Mitternacht Zuflucht sein,
so küß ich in dich durch den Londoner Nebel
den Feuermund blanker Laternen hinein.

Dehnst du im Löwenbezirk der Wüste
die langgezogene Karawane, –
so betritt
(unterm Staubwind gezaust und zerrissen)
die Sahara – meine glühende Wange.

Bewunderst du frohgemut
aus einer der Logen
den Toreador beim Schwung des Rapiers,
so trifft dich voll Eifersucht,
halb schon erloschen,
mein Sterbeblick aus den Augen des gestürzten Stiers.

Trägst du den zerstreuten Schritt auf die Brücke,
denkst:
schön wärs unten, im grauen Geplätscher, –
so bin ich die Seine unterm steinernen Rücken
und ruf dich,
die fauligen Zähne fletschend.

Läßt du einen Andern im Flug der Kalesche
frech mit dem Feuer des Dreigespanns protzen,
erklimm ich als Vollmond Ulme und Esche,
um nackt und begehrlich auf euch zu glotzen.

Kräftig bin ich;
jetzt wird man mich brauchen,
wird mich forsch in den Frontselbstmord hetzen.
Dann werd ich als Letztes
deinen Namen verhauchen

aus verkrustetem Mund,
aus schußzerfetztem.

Was blüht mir am Ziel?
ein Thron? ein Exil?
Ich sattle Sturmwellen,
die mich vielleicht prellen.
Wenn mir nicht
das Los des Zuchthäuslers fällt,
so bin ich
der Thronprätendent der Welt.

Es sei meines Kaisertums erste Regung:
dein süßes Gesicht
in sonnengoldige Münzenprägung
einzugraben als Wert und Gewicht;
dies gebiet ich
dem Volk: »tut es ehrerbietig!«
Dort aber, wo die Tundra
allen Farbton entleibt,
wo der Strom mit dem Nordwind Schacher treibt,
kratz ich Liljas Namen ins Ketteneisen
und küß es, umklirrt vom Sträflingsdasein.

So hört denn,
ihr Anbeter der Himmels-Trübe,
ihr Widerhaarigen,
bestialisch Bösen!
Mag sein: im Weltall brennt zum letztenmal Liebe
auf dem Wangenrot eines Tuberkulösen.

3

Vergessen sei Jahr und Tag und Datum.
Einsam vorm Blatt Papier.
Nun vollzieh
im leiddurchleuchteten Wort, mein Fatum,
das Werk übermenschlicher Magie!

Heut, als ich eintrat bei euch,
da roch ich sogleich
im Haus manches Wirre.
Du bargst ein Geheimnis im seidenen Kleid,
im Raum stieg Duft nach Harz und Myrrhe.
Freuts dich?
Antwort:
ein kaltes »sehr«.
Vernunft zerbricht und geht in die Irre.
Ich brenne und fiebre;
das Herz hämmert schwer.

Hör zu:
ein Leichnam
läßt sich nicht verbergen.
Drisch vor die Stirn mir das Wort,
das da droht!
Gleichviel,
deine Züge,
aus Schalltrichter-Särgen,
plärrn los: – »Ich bin tot,
ich bin tot, ich bin tot!«

Nicht so.
Gib Bescheid.
Und leugne mir nichts!
(Wie könnt ich sonst weggehn und weiterleben?)
Zwei Gräber im Friedhof deines Gesichts –
seh ich deine Augen ins Tiefe schweben.

Zwei Höhlungen schwinden,
bodenlos-steil.
Mir scheint,
ich stürz ab vom Gerüst der Tage;
ich spann meine Seele
übern Abgrund als Seil,
jonglierend das Wort auf gefährlicher Waage.

Ich weiß:
du hast deinen Mann in der Liebe verbraucht.
So vieles verrät schon das eintönig Stumpfe.
Verjüng dich, in meine Seele getaucht,
vertrau dich dem Festtag der Liebestriumphe.

Ich weiß:
die Frau will gekauft sein, leider.
Laß gut sein, es tut nichts,
ich breche den Brauch:
ich spende dir, statt Pariser Kleider,
vorerst nur dies Fähnchen
aus Tabakrauch.

Apostelgleich
will meine Liebe ich predigen,
komm ich auf tausend Straßen gezogen,
und dich mit der zeitlosen Krone entschädigen
– drin mein Poem aufzuckt als Regenbogen.

Wie einst Pyrrhus den Unsieg vollenden hieß
im Zentner-Reigen der Kriegs-Elefanten,
so stampf ich dein Hirn
unterm Schritt des Genies.
Umsonst.
Du gehörst zu den Niegebannten.

Frohlocke!
feier dein Bacchanal!
es ist dir geglückt,
mich niederzustrecken.
Weh mir!
jetzt rasch zum nächsten Kanal,
ihm meinen Kopf in den Rachen zu stecken.

Du reichtest den Mund;
welch frostiges Nippen.
Ich streifte ihn; doch von ihm kam kein Trost her.
Als küßte da einer mit Büßerlippen
die eiskalten Fliesen im Höhlenkloster.

Klapp-klapp –
geht die Tür:
er kommt, stapft herbei,

noch umprasselt
von Lustbarkeiten der Gasse.
Mir ist: mein Schrei
knickt mich entzwei.
Ich brüll ihm:
– »vortrefflich!
ich troll mich!
wie fein!

Greif zu.
Sie bleibt dein.
Nur behäng sie mit Roben;
laß Schmetterlingsflügel in Krepp verfetten!
Paß auf, sonst entfliegt sie, ins Freie enthoben.
Doch Brillanten am Hals sind bindende Ketten!«

Verzweifelte Nacht!
ich selbst zerr an Stricken,
die meinen Hals im Würgegriff fassen.
Als sollt ich am Lachen und Weinen ersticken,
verzerrt auch die Stube ihr Maul zu Grimassen.

Dein Bildnis in mir blieb so farbenknallig,
so grell hat dein Blick jenen Teppich belichtet,
so traumhaft, als hätte ein neuer Bialik
die blendendste Zions-Zarin erdichtet.

Im Schmerzrausch
vor der, die mir weglief, – wie albern
sank ich in die Knie, so arm wie der Wind.

Ein Fürst ohne Land, der belgische Albert,
mit mir im Vergleich, ist glücklich und reich
wie ein zehnfach beschenktes Geburtstagskind.

»Schöpft Sonnengold!«
rat ich den Blumen und Gräsern.
– »Lenzt los, ihr unendlichen Biologien!«
Ich lechze, Verse zu schlürfen aus Gläsern,
das Gift, genannt Poesie.

Doch du, die mein Herz
plünderte und entblößte,
die auf meinen Fieberwahn
schwer wie ein Stein fällt, –
empfang mein Geschenk, dies letzte und größte;
kann sein, daß mir nie mehr was Richtiges
einfällt.

So schmückt zum Festtag das heutige Datum.
Ein Kreuzigungswunder vollzieht sich hier.
Seht her,
mit Worten nagelt mein Fatum
mich fest an dieses Blatt Papier.

(1915)

Lilitschka!

Statt eines Briefes

Tabakdunst hat die Stube durchräuchert;
Sie wimmelt –
Höllenpfuhl, Leibergemische.
Hier hab ich, du weißt noch,
deine Hände gestreichelt,
besessen-verzückt,
in der Fensternische.
Heut lehnst du kalt,
dein Herz hart gewappnet,
und morgen vielleicht schon
zischst du:
»verschwinde!«
Im trüben Vorzimmer müh ich mich tappend,
daß zitternd die Hand in den Rockärmel finde.
Da renn ich raus,
werf den Leib in die Gassen,
toll
vor Verzweiflung,
zerschunden und hohl.
Laß,
Liebste, Beste,
du sollst mich lassen,
sag mir lieber gleich Lebewohl.
Einerlei,
meine Sehnsucht
hängt an dir wie Blei, –

wohin du auch fliehst,
du mußt sie tragen.
So brüll ich mich frei
mit letztem Schrei
von der Marterpein bitterster Klagen.
Ein Stier,
zerquält unter Mühsal und Lasten,
sucht schnaufend die Niedrung,
ein Gewässer, ein kühles.
Wo winkt mir ein Seeufer,
um dran zu rasten?
Bittere Ungnade
deines Gefühles!
Ruhe wünscht der müde Elefant,
macht sichs im Glühsand
fürstlich bequem;
nur deine Liebe
ist mir Sonne und Sand,
doch ich ahne nicht,
wo du weilst und mit wem.
Wolltest du einen Dichter
derart foltern, –
hinwürf er für Geld und Ruhm
seine Schöne.
Mir klingt
das Tönen der Welt wie Poltern;
ich möchte,
daß nichts als dein Name ertöne.
Kein Fenstersprung lockt mich,
keine ätzende Lauge,

nein, kein Pistolenlauf kühlt meine Schläfe.
Kein Blitz einer Klinge,
es wär denn dein Auge,
hätt Macht über mich,
wenn er schneidend mich träfe.
Daß ich dich gekrönt,
wird dir morgen entfallen:
daß zehrend ich dein Blühn vergöttert.
Ein alberner Wirbel von Karnevalen
hat zausend meine Bücher entblättert ...
Geböte das dürre Laub meiner Worte
noch Einhalt
dem Ungestüm schreitenden Schuhs?
Drum trete zum Abschied
auf meine verdorrte
Zärtlichkeit
dein enteilender Fuß.

(1916)

Beziehung zum Fräulein

Dieser Abend entschied:
solln wir die Liebschaft eingehn?
Dunkel wars,
keiner schaute uns zu.
Ich beugte mich
zu ihr
und hatte ein Einsehn
und sprach, ein Berater,
ein Vater,
in Ruh:
»Schroff ist der Abgrund der Leidenschaft,
keinen Schritt weiter, ich bitt!
Ein Abgrund, der beiden
nur Leiden schafft.
Bitte, weiter keinen Schritt!«

(1920)

In Heines Manier

Sie zückte den zornigen
Blitz ihres Augenlichts:
»Ich hab dich
mit einer andern gesehn.
Du bist der gemeinste,
nichtswürdigste
Taugenichts! . . .«
Und sie schalt
und sie schimpfte
und ließ sich mal gehn.

Ich bin ein gebildeter Bursch, meine Liebe.
Drum lassen Sie bitte Ihr Donnern sein.
Und bin ich beim Blitzschlag am Leben geblieben,
so schüchtert, bei Gott,
mich der Donner nicht ein.

(1920)

Ich liebe

Gewöhnlich ist es so

Wer immer zur Welt kommt, erfährt an sich Liebe, –
doch mittendrin zwischen Dienst,
Einkünften
und dem sonstigen Kram –
von einem zum andern Tag hinüber
merkt man: der Herzensgrund wird trockner und trüber,
weil das Herz den Leib als Mantel bekam
und übern Leib noch das Kittelhemd.
Aber nicht genug damit, der Eine
(ein Erzkamel!)
hat noch Manschetten untendran geklemmt
und die Hemdbrust gesteift mit Stärkemehl.
Naht das Alter, besinnt man sich plötzlich:
es muß was geschehn.
Frauen schminken mit Schmiere sich schön;
Männer, als seien sie Windflügel-Mühlen,
beginnen ergötzlich
armkreisend zu »müllern«.
Zu spät, Mensch, die Haut, mit argem Geäder,
verfalzt sich zu Leder.
Liebe hat ihre Blüte erfüllt.
Und liegt nun zerknüllt.

Auch mir, nach Gebühr, ward Liebe gezollt;
doch das Menschenvolk
sah sich zur Kindheitszeit
in Plackereien gepiesackt.
Ans Rioni-Ufer rannt ich,
dort hab ich gestrolcht und getollt,
gefaulenzt und nicht »muh gemacht«, wie das Vieh sagt.
Mutter ärgerte sich.
– »Garstiger Junge!«
Vater drohte, mit dem Gurt mich zu versohlen.
Doch ich, einen falschen Dreirubelschein geschwungen,
drosch mit den Muschkoten am Zaun »Trifolium«.
Stadt Kutais, da briet ich schwitzend,
entbürdet ganz, ohne Hemd, ohne Schuh,
getaucht in transkaukasische Hitze,
kehrte der Sonne mal den Hintern,
mal wieder Bauch und Nase zu,
bis es unterm Brustbein zu wibbeln begann.
Da staunte die Sonne:
– »so'n kleiner Mann,
kaum wahrnehmbar,
und spürt schon den Wurm namens Herz!
und wie das Ding angibt: die Welt begehrts!
Wo gibts denn in diesem
Dreikäsehoch
Platz für mich,
für den Fluß
und die Felsenberg-Riesen?!«

Als junger Bursche

Dem Jünglingsalter geziemt eine Masse
Betätigungen: so Grammatik-Nachhilfe
für Möpse und Schöpse beider Geschlechter.
Mich aber schmissen
aus der fünften Klasse
die Ordnungswächter,
schleiften mich durch die Moskauer Gefängnisse.
In euerm
kleinen
Daheim-Universum
geht mancher Lyriker mit seinem
Schlafzimmer-Vers um.
Was will man von solchen Schoßhund-Lyrikern?!
Mir bescherte man
einen weit schwierigern
Lehrgang der Liebe: im Gefängnis »Butyrka«.
Was soll mir Sehnsucht nach dem Boulogner Wäldchen?
Was der Seufzer nach See-Panoramen?
Ich ließ mich von der Liebe
zu jenem »Bestattungsunternehmen« bewältigen,
das meine Augen ausm Fensterspalt
der »Zelle 103« wahrnahmen.
Andre schaun tagtäglich der Sonne ins Gesicht,
ihnen ist der Kamm geschwollen:
– »Ach, was bedeutet schon das fadenscheinige Licht?«
Ich aber
hätte damals die Welt und mein Leben
für den kleinen gelben Lichtkringel,

am Wandsockel flimmernd,
hingegeben.

Meine Universität

Französisch können Sie.
Dividieren.
Multiplizieren.
Gleichungen lösen.
Deklinieren gönnen Sie
sich, doch bekennen Sie:
können Sie in Hausfassaden lesen?
verstehn Sie den höheren Kram:
die Sprache der Tram?
Das menschliche Kücken,
kaum dem Ei entschlüpft,
greift nach Buchrücken,
nach dem Heft mit Ziffernschrift.
Ich aber lernte gassenfrech
das Alphabet von den Firmenschildern,
blätterte in einer Fibel aus Blech
mit eisernen Bildern.
Man lehrt uns – nicht verwildern:
die Erde meistern heißt,
daß man Haut und Haar
ihr vom Leibe reißt;
dabei ist sie bloß ein winziger Globus.
Ich aber
erlernte das Erdkunde-Opus

durch Knüffe und Püffe,
die mir die Hüften trafen:
nicht umsonst doch warfs mich
auf den Boden zum Schlafen.
Den Schulbuch-Historiographen
quälen Fragen brennender Art:
– »hatte Barbarossa einen feuerroten Bart?«
Na, wennschon!
In verstaubtem Schwatz wühl ich mitnichten;
dafür kenn ich jede der heutigen Moskauer Geschichten.
Da kriegt man Dobroljubow zu fassen
und lernt so, das Böse zu hassen;
doch die Sippe wehrt mit breitmäuligem Greinen,
Papa und Mama wolln ihn durchaus verneinen.
Ich
konnte die Fettleibigen
von Kind auf nicht leiden.
Mußte selbst mich für ein Mittagessen
verdingen und bescheiden.
Verdaun ihre Lektion, diese protzigen Quallen,
setzen sich hin –
um den Damen zu gefallen;
Zwerg-Ideen, blechern und irr,
hinter kupfernen Stirnen ein ärmlich Geklirr.
Ich aber
redete bloß mit den Häusern.
Nur die Pump-Anlagen noch waren meine Partner.
Mit Dachluken-Ohrmuscheln
hinhorchend nach lautem Geräusch und leiserm
Tuscheln,

schwiegen die Dächer und harrten:
womit ich ihnen ins Gehör würde platzen.
Hernach aber hatten sie endlos zu schwatzen –
worüber? über die Nacht
und über einander.
Ihre Zunge, die Fahne,
wirbelte um die Wette mit dem Wetterhahne.

Erwachsensein

Die Erwachsenen? Geschäfte und Pflicht.
Voller Rubelscheine die Tasche.
Sich der Liebe widmen?
Warum nicht?
Hundert Rubelchen die Gage.
Ich aber,
unbehaust.
schob meine Pratzen
in die zerlumpten
Hosentaschen, zerzaust, –
großäugig schlendernd.
Die Zeit ist Nacht:
Ihr, angetan mit den besten Gewändern,
geht zu Fraun, zu Witwen,
ins Paradies der Matratzen.
Mich aber
wollte Moskau in Umarmungen erdrücken,
einklammernd mich im Verkehrsring
seines äußeren Gürtels.

Das Herz, das Uhrgehäus, scholl vom Ticken:
von aller Buhlweiber süßlichen Tücken.
Da frohlockten Bettpartner des galanten Viertels.
Ich aber, aufn Passionsplatz hingestreckt,
hab lauschend die wilden Pulse
der Großstädte entdeckt.
Sehr aufgeknöpft, weit aufgeschlossen,
den Herzmuskel fast am Rande der Haut –
bin ich der Sonne geweiht und der Gosse.
Da schaut! hereinspaziert, alle Leidenschaften,
die dem Liebenden Leiden schafften!
Nicht mehr Herrschaftsgebiet
sind mir Herz und Gemüt.
Bei den Andern kenn ich des Herzens Wohnung:
die Brust (wie jedermann wohlbewußt).
Bei mir aber erfuhr Anatomie ihre Entthronung:
bin anders gebaut,
bin ganz und gar nur Herz,
und das dröhnt allerwärts.
Oh, mit wieviel Lenz und nichts als Lenz
(ohne der Jahreszeiten übrige Sequenz)
bin ich brennend geladen worden!
Diese unverbrauchte Last zu tragen – unmöglich!
un-trag-bar, nicht bloß als Wort unter Worten,
sondern wahrhaft un-er-träglich.

Was daraus wurde

Mehr als das nötige Muß,
mehr als das mögliche Maß –
als förmliche
Traum-Poesie voller Schönheit und Greuel,
wuchs der Herzklumpen sich aus zum Riesenknäuel:
gigantisch die Liebe,
titanisch der Haß.
Unter der Zentnerlast
stapfen wacklig
meine Beine, –
du hast erfaßt:
ich bin
von nicht übler Gestalt –
und dennoch schlepp ich mich hin, ich streune,
mit meiner Herz-Zuwaage wie matt und alt,
den schrägen Querbalken der Achseln beugend.
In mir schwillt Milch des Gedichts,
wie in Eutern, ausflußbegierig,
und nirgendwo ist sie zu vergießen,
während neue Mengen zusammenfließen.
Ich bin übermüdet von Lyrik,
Verskunst –
Nährmutter des Universums, –
Hyperbelform
nach Maupassants Urbild und Norm.

Kraftmeier, hob ichs, machte Staat,
trugs ausladend, ein Akrobat.
So ruft man zur Wahlversammlung die Wähler,
so die Dorfleute
mit Alarmgeläute
zur Brandstätte.
Ich schrie:
– »Seht doch her!
dahier!
greift zu!«
Wenn solch ein Koloß seine Stimmkraft ballte –
oh, wie da im Nu
überzüchtetes Damenvolk im Schmuck,
nichts achtend,
von mir zurückschräk und abprallte
gleich einer Rakete:
– »Uns bitte keinen Koloß, keinen Kloß!
wär uns zu groß, –
dann lieber schon Tango oder Fandango . . .«
Unter meinem Beschwernis
ganz gebückt und zusammengekrochen,
trug ichs und bin nicht zusammengebrochen.
Wills abwerfen
und weiß doch: – »ich tus nicht, das wär nichts!«
Kaum halten die Rippenbögen den Druck von innen,
schon knirschen im Brustkorb die allzu dünnen.

Du

Da kamst du –
ganz Geschäftigkeit;
hinter meines Wuchses Schwung,
meines Brüllens Heftigkeit
gewahrtest du
einfach den Knaben.
Wie du kamst,
das Herz an dich nahmst!
Und gingst einfach damit spielen –
wie ein Mädchen mit einem Ball
(seinem Sprung und Fall).
Und jede andre von den vielen
– da Jungfer, dort Dame –
staunte: – »nein,
solchen Kerl lieben?
der Typus ist nicht grad der zahme,
der stürzt wild drauflos!
Die muß eine Bändigerin sein,
sicher eine Angestellte des Zoos!«
Ich aber, voller Jubel,
meinte nurmehr und noch:
keine Spur mehr von Joch!
Vor Freude ganz außer Rand und Band –
ein einziger Trubel
im Indianerland;
es war wie auf einer Hochzeit heiter,
mein Atem ging breiter.

Unmöglich

Unmöglich wärs mir,
allein ein Klavier
(und erst recht
einen feuerfesten Schrank)
vom Fleck weg zu befördern.
Und brächt ich nicht Stahlsafe
noch Stutzflügel zum Schweben,
wie könnt ich allein meinen Herzklumpen heben,
nähm ich ihn wieder an mich zurück?
Bankherren wissen:
– »Wir sind die so randlos Reichen,
daß schon unsre Taschen nicht reichen;
drum rein den Schatz in den Kassenschrank!«
Die Liebe
bewahr ich in dir
wie in einer Bank
und geh nun wonneschwer
als ein Krösus umher.
Und wandelt mich Lust an, die du groß entzündest,
so hol ich mir ein Lächeln,
oder ein Halblächeln zumindest,
nehm auch mit noch weniger fürlieb;
und mit anderen zechend,
hab ich in einer halben Nacht
an die fünfzehn Rubel Gereimtes an den Mann gebracht.

Seeflotten – auch sie streben heim zum Pier.
Der Eisenbahnzug eilt dem Bahnhof entgegen.
Nun, um so mehr zieht es mich zu dir
(ich liebe ja!) –
du mein Magnet und mein Segen.
Bei Puschkin: der geizige Ritter –
steigt die Kellertreppe hernieder,
um drunten lüstern im Golde zu wühlen.
So kehr auch ich, Freundin,
zu dir immer wieder.
Gern mustre ichs wie ein Zuhause:
dies Herz – es ist mein.
Ihr kehrt fröhlich heim,
gönnt euch eine Pause.
Schmutz schabt ihr vom Leibe,
rasiert und wascht euch tagein-tagaus.
So kehr auch ich
geläutert zu dir wieder, –
und bin ich, zu dir gehend,
nicht auf dem Heimweg, nachhaus?!
Die Irdischen empfängt der Erdenschoß,
wir kehren zurück zum zielhaften End.
So kehr auch ich
zu dir heim, du mein Los,
unausweichlich, wir haben uns kaum getrennt,
kaum ließen die Augen einander los.

Folgerung

Nichts tilgt die Liebe,
nicht Trennung durch Berge,
nicht Zerwürfnis noch Ärger.
Durchdacht und verbrieft,
erprobt und geprüft –
meine Schwurhand heb ich zu unserm Heile,
jeder Finger eine poetische Zeile:
ich gelobe aufs neue:
Liebe,
unverbrüchliche Treue.

(1922)

Das bewußte Thema

Welches Thema ist gemeint?

In diesem Thema,
            platt und privat,
schon mehr als einmal,
            als fünfmal
                behandelt,
kreist ich wie das Eichhorn
            im Trommel-Rad –
und kreise ich neuerdings, unverwandelt.
Dies Thema.
            liturgisch
                um Buddha bemüht,
schärft den Negerdolch zum Tyrannenmord.
Und gibts auf dem Mars
                ein menschlich Gemüt,
so knirscht
          das bewußte Thema
                auch dort.
Dies Thema kommt,
            faßt den Krüppel beim Ellbogen,
schleift ihn vors Schreibeblatt,
                befiehlt ihm:
                   – »Kratz los!«
Der Krüppel
          löst vom Blatt sich,
                kreischt auf wie ein

                              Schnellvogel;
sonnenwärts kraust das Lied
                    seine Zeilen-Panneaus.
Dies Thema naht,
              schellt bei der Küchentreppe,
macht kehrt,
              fällt ab wie ein Pilzhut vom Schaft;
der Riesenkerl steht noch –
                    stürzt hin mit Geschepper,
verstrickt in die Schrift-Hinterlassenschaft ...
Dies Thema kommt
              und hat »Wahrheit!«
                              beordert;
dies Thema kommt
              und hat »Schönheit!«
                              gefordert.
Deine Handgelenke
              am Querbalken schlapp –
ein Walzerlied summst du
              vom Kreuz noch herab.
Dies Thema nimmt Anlauf zum Alphabet
– wie klar schien dir bislang
                    die Fibel als Buch! –
doch sieh!
        das »A« wird unnahbar
                    wie der Felsberg Kasbek,
entfremdet das Brot dir,
                    macht den Schlaf dir zum Fluch.
Dies Thema kommt ewig,
              nie mürber noch träger;

– »jetzt hast du auf mich zu sehn!«

                        wird es gebieten;
du blickst dran empor

             als sein Bannenträger,
rotseidenes Feuer

         ausstreuend

              wie Blüten.
Ein Thema voll Schläue!

              taucht unters Ereignis,
im Schlupfloch der Triebe rüstend zum Sprung
(– »wo bleibt der Tribut

              eures Ehrenbezeigens?«)
und beutelt das Herz

          aus dem Brustfell

                mit Schwung.
Dies Thema klopft an bei mir

             als Ingrimm, Gewalt-Akt:
– »die Zügel her!
jetzt laß mich mal managen!«
Sehr scheel beäugt es dann meinen Alltag,
zerwetternd den Kreis der Geschäfte und Menschen.
Dies Thema kam,

         verdrängte alle andern

              aus der Seele,
ergriff

   vom Menschen

        selbstherrlich Besitz.
Dieses Thema setzte mir das Messer an die Kehle,
und es war, als träfe
mich vom Herzen zur Schläfe

das unablässige Pochen des Hammerschmieds.
Dies Thema,

      das Lichtes ans Dunkle schweißt –
(»renn an mit der Stirn

         und scheu keine Hiebe!«) –
dies Thema heißt: –
. . . . .!

Nur du nicht

Ich steh bei der Wand.

      Ich bin nicht ich.
Zermalme dich, Dasein, im Fieberwahn!
Nur ihre Stimme halt fern,

      dies versprich!
Weil ich ihre Stimme nicht aushalten kann.
Ich verkaufte den Tag,

    verriet das Jahr,

      an den aschgrau gewohnten

        Alltag
und ersticke selbst,

    wie unter Druck,

      vom irrsinnigen

        Seelen-Gewaltakt.
Das ätzte wie Hausdunst von Küche und Kasten
und rief: »hopp, klatsch entschlossen

      vom Stockwerk aufs
      [Pflaster!«

Ich floh,

      mied den Sog jeder Fensterhöhlung –

floh liebend,

      und seis, mir Zeilen abquälend,

seis auch nur im Vers,

      nur im Nacht-Getrippel;

unterm Schreibgriffel

      werden die Seelen

      wie geriffelt;

und lieb ich gereimt,

      bleib ich wortlos in Prosa;

sieh, ich find keinen Ausdruck,

      bin stumm wie ein Stroh-
      [sack.

Doch wo, Geliebteste,

      wo denn, du Teure,

brach je ich

      (im Sang!)

      meiner Liebe die Treue?

Hier strebt jeder Ton

      zu Anruf, Bekenntnis;

Liedwörter sind unauslösbar,

      sie trennt nichts.

Hinangetrillert,

      in kletternden Gammen,

gradeaus! das Ziel im Auge!

Zwei Beine, bin gottlob noch gut beisammen, –

– »Jetzt stop!«

      so brüll ich,

      »ich tauge!«

Ich spreche: »Schau, Liebste: –

                selbst wo ich wüte,
wo mein Donner-Vers den Schlendrian

                      zerstampft,
siehst du, wie ich deinen teuern Namen behüte,
aus meinem Bannfluch

            ihn aussparend sanft.
So komm

        und gib meinem Vers Bescheid.
Hab alle gefragt, frag nun dich.
Nur du kannst mich retten, sei dazu bereit.
Steh auf! komm!

           die Brücke ruft uns zu sich.
Wie ein Stier unterm Schlachtbeil,

              so bück ich
ins Joch des Unsterns mein Genick,
mich selbst überwindend,

          dem Augenblick gefügig –
schreite ich ins Geschick.

Liebe

Vielleicht,

      vielleicht,

          daß irgendeinmal,

              in einer Tiergarten-
                    [Allee

(denn auch sie liebte Tiere)

             sie die Wege betritt im Gehege

und lächelt, genau so,
                    wie ich sie auf dem Foto im
                                        [Tischfach seh.
Sie ist schön.
                    Sie läßt man sicher auferstehn.
Euer dreißigstes Jahrhundert
                    überholt, was uns betrübte,
wirft zurück
                    unsre herzzerreißenden Lappalien;
liebend holen wir nach
                    alles nicht zuende Geliebte
in Sternen-Nächten
                    ungezählt kommender Saturnalien.
Laß mich auferstehn,
                    wärs nur,
                              weil ich
                                    als Dichter
– Alltags-Stumpfheit ächtend –
                                    wartete auf dich.
Weck mich darum auf:
                    ich war kein Schlichter.
Weck mich auf, – mein Nachzulebendes,
                                    meine Erfüllung
                                        [fordre ich.
Die Liebe höre auf,
                    nur Dienstmagd zu sein,
                                        die arme,
bei Ehestand,
                    Fleischeslust,
                              Füllung des Kosttopfs.

Vermaledeite Liegestätten
der Umarmung, –
zum Liebeslager werde uns der Kosmos!
Daß keinen Tag,
         rasch alternd
                und verdrossen,
man Almosen erfleh als Mitleids-Spende.
Daß sich der Erdball
         schon beim ersten Ruf:
                  »Genosse!«
um seine Achse zu dir wende.
Man geh nie mehr als Opfer
         des versehrten Haus-und-
            [Herds um.
Im Kreis der eignen Sippe werde
der Vater mindestens:
        das Universum,
die Mutter mindestens:
        die Erde.

                        (1923)

II

Ich warf mich in den Kommunismus
aus den Himmeln der Dichtung

Jubiläumsverse

Alexander Sergejewitsch,
gestatten Sie mir, mich vorzustellen –
Majakowski.
Hier die Hand!
    Mein Brustkorb!
       Hören Sie?
           Kein Klopfen mehr, ein Stöhnen hat begonnen.
Ich sorg mich um mein Herz,
        den Löwen, den zum Schoßhündchen gemagerten.
Ich ahnte nie,
           daß soviel
                tausend Tonnen
in meinem schandbar leichtsinnigen Schädel
                      lagerten.
Ich zerre Sie.
        Sie wundern sich natürlich?
Wie? Preß ich Sie?
          Tuts weh?
             Verzeihung, Senior.
Ein Stündchen zu verplaudern
            find ich
               nur gebührlich –
steht mir
       und Ihnen
            doch die ganze Ewigkeit bevor!
Als wären wir ein Bach –
         wir wollen

schwatzend runterschwimmen,
oder ein Frühling,
der befreit,
entfesselt tollte.
Die Mondmaid
steht so jung-verführerisch
am Himmel,
daß man sie
ohne Aufsicht
nachts nicht ausgehn lassen sollte.
Ich
bin jetzt
frei
von Liebe
und Plakaten.
Als Fell, gebändigt,
krallt vorm Bett
der Bär der Eifersucht.
Nimm wahr,
daß unsere Erde
rund geraten, –
setz dich
auf dein Gesäß
und schlittre in die Schlucht!
Genug.
Daß meine schwarze Schwermut niemand peinigt.
Auch bin ich zu Gesprächen
jetzt nicht aufgelegt.
Und nur
der Reime Kiemen

arbeiten beschleunigt,
liegt man
        als Fisch
            auf dichterischen Sand entwegt.
Sehnsucht ist Selbstbetrug,
                Traum kann nichts geben:
schlepp
        dienstlich weiter
            deinen Alltagskarrn.
Doch manchmal
        steht in andrem Bildaspekt
                das Leben,
und du begreifst
        das Große dann
            durch einen Schmarrn.
Recht oft
mit Bajonettangriffen
            rückten wir zu Leib
                der Lyrik
den Ausdruck suchend –
            nackt, genau und grob.
Doch Dichtung
        ist ein erzhundsföttisch Ding:
                verzwickt und schwierig;
sie existiert –
        und stell dich auf den Kopf.
Was blökt
        zum Beispiel
                jener Raffinade-Gelee-Zar
– orangegelber Schnauzbart

                    am waschblauen Kopp –
der Bibelbabylonier
                    Nebukadnezar:
»Zucker-Koop«.
Stell Gläser vor uns hin!
                              Ich kenn
                                        ein altes Mittel:
wie man das Leid
              im Wein ersäuft.
                              Doch seht, was schwimmt da los?
Red Star, White Star,
                        des Meeres Firmentitel,
mit fremder Visen
                    stempelreichem Stoß.
Ich seh Sie gern
                an meinem Stammtisch,
                              Sie sind stets erfreulich.
Die Muse
        musiziert
                    auf Ihren Stimmorganen.
Wie hieß das doch?
                    wie sagte
                              Ihre Olga neulich? ...
Nicht Olga!
Aus dem Brief
                Onegins an Tatjanen: –
»Ihr Mann
          ist ja
              ein Wallach.
                          Tepp und alter Teufel.

Ich liebe Sie,
        es gibt kein Nein,
                Sie werden mein.
Ich muß frühmorgens
        überzeugt sein,
                ohne Zweifel:
wir werden heut beisammen sein.« –
Es gab schon mancherlei:
                auch Unterm-Fenster-Stehen,
Briefschreiben,
        Zittern wie ein Nervenbrei.
Doch wenn
        die letzten Tränen
                trocknen und verwehen,
dann,
        Alexander Sergejitsch,
                ist jeder Spaß vorbei.
Wohlan, Majakowski!
                Gondle nach Süden
und sing
        deine Herzmelodie mir!
Nun ist
        auch die Liebe erkrankt und verschieden,
jawohl, mein lieber Wladimir.
Nein,
        das kann man nicht Alter nennen!
Beileibe:
        fahr ich erst richtig drein,
kann ich
        spielend

zwei Mann niederrennen;
und bin ich in Wut,
werd ich fertig mit drei'n.
Man sagt,
            ich sei thematisch sehr p-e-r-s-ö-n-l-i-c-h!
Entre nous
            – weil sonst der Zensor gleich den Rotstift
                                    [zückt –
man sagt ja auch,
                man hätt einmal
                            (wie ungewöhnlich!)
verliebt gesehn
                zwei
                    Mitglieder des ZIK.
Man hat mich einst
                verleumdet;
                            und die Wirkung dauert.
Ach, Alexander Sergejitsch,
                        verachten Sie den Lügendunst!
Vielleicht
        bin ich
            der einzige,
                        der aufrichtig bedauert,
daß Sie nicht leben –
                heute,
                    unter uns.
Wir
    hätten uns
                im Leben
                        gut verstanden.

Bald
    sterbe nun
            auch ich,
                    verstumme jäh –
und nach dem Tode
                stehn wir
                        nah nebeneinander:
ich unter M,
            Sie unter P.
Und wer steht zwischen uns?
                        Mit wem soll man verkehren?
Ein seltner Gast
            ist hierzulande
                        der Poet.
Ach, zwischen uns
            steckt Nadson.
                        Kann man sich
                            [dagegen wehren?
Antrag:
        man reih ihn
                hinten wo
                        ans Alphabet!
Und dann Nekrassow,
                Klaus,
                        des seligen Alexis Sohn,
im Kartenspiel
            und Versemachen –
                        ganz
                            unser Kumpan;
nicht wahr?

ein feiner Kerl!

         der bleibt im Lexikon.

Denn er

    gehört zu uns –

        den Mann rühr mir nicht an.

Ja, und die Zeitgenossen?!

Wir

  wiegen deren auf

        wohl sechs-, achttausend Kilo.

Ein Gähnen

    sprengt die Kiefer

        bei der bloßen Gruß-

          [bekanntschaft:

Gerassimow

    und Dorogoitschenko

        und Rodow

          und Kiril-

          [low –

welch öde,

    monotone

        Dutzendlandschaft!

Da ist Jessenin

samt der Bastschuhkunst fürs Dörflein.

Zum Lachen:

    trägt die Kuh

        Glacéhandschuhe!

Man hört ihn:

    ein Chorist!

        und man empfängt ein Scherflein!

Ein Zupfhansl-Getue!

Der Dichter halte
                    auch im Leben
                                        sein Niveau.
Wir haben Schneid
                    wie Sprit in der Poltawaer Karaffe.
Nun, gut. Und Besymenski?
ja, so-so ...
nicht übel ...
                    wie Mohrrübenkaffee.
Da ist
        zwar
                noch
                        Assejew,
                                    unser Kläuschen.
Der kann was.
                    Hat die Spannweite
                                        von mir.
Doch ach, man muß verdienen,
                                denn man hat im
                                            [Häuschen
Familie,
        wenn auch klein,
                            man sorgt doch für.
Sie wären,
            wenn Sie lebten,
                                jetzt Mitredakteur der
                                            [Zeitschrift,
des »Lef«.
            Ich könnte Ihnen
                        auch Agitkas

anvertraun.
Ein Wink von mir –
gleich kämen wir
in Gleichschritt.
Sie würden taugen –
denn Sie können
Sätze baun.
Sie hätten bei mir
Feinkost
und Kostüme,
und zur Reklame
Damen
aus dem GUM.
(Ich lisple jambisch
mit verstellter Stimme –
nur Ihnen
zum Gefalln
und Gaudium.)
Sie hätten heutzutag
dem Klapperjambus
glatt gekündigt.
Schreibfedern
sind uns heut –
Heugabelzinke,
Bajonett, –
»Poltawa«?
Schlachten der Revolution sind tiefergründig;
und unsre Liebe
macht den Trieb Onegins
grandioser wett.

Vor Puschkin-Forschern

        sei'n Sie auf der Hut!

                Der blöde

                [Pljuschkin

kommt angerückt,

        taucht rostige Federn

                in senilen Geifer:

»Da seht mal,

        unter den Lef-Leuten

                aufgetaucht

                      ist Puschkin –

der Schelm!

        und möchte mit Dershawin selbst

                    wetteifern...«

Ich liebe Sie,

        doch nur als Menschen,

                nicht als Mumie.

Ich kratz das Museale weg.

            Ich seh profaner:

Sie waren,

        scheint mir,

            einst

                in Ihrem Menschentume

auch ein Draufgänger,

        Tollkopf,

            Afrikaner!

Hundsfott d'Anthès!

        Mondäner Meister im Stibitzen.

Wir würden fragen ihn:

»*Was* waren Ihre Eltern?
Womit befaßten Sie sich
                        vor dem Jahre Siebzehn?«
So kriegten wir ihn klein,
                        den miesen Weiberhelden.
Im übrigen –
            genug geschwatzt!
                        Sind wir denn Spiritisten?
Sie fielen
        als Gefangener der Ehre ...
                            Manch ein Faun
läuft
    heute noch umher
                    mit Diebsgelüsten,
und dicht gesät sind
                    Anwärter
                            auf unsre Fraun.
Schön ists bei uns,
                in unsren Sowjetlanden:
man lebt nicht schlecht,
ist in Gemeinschaft tätig.
Nur Dichter,
            sehen Sie,
                    sind leider nicht vorhanden;
indes –
        vielleicht
                sind sie auch gar nicht nötig.
Nun ist es Zeit.
                Schon glüht der Strahlenmorgen.
Auf! – sonst vermißt

und sucht Sie
die Miliz.

Man wird sich
am Twerskoi-Boulevard
schon um Sie
[sorgen.

Drum hopp –
ich heb Sie wieder
auf den Sockelsitz.

Mir käm ein Denkmal zu
bei Lebzeit
nach dem Rang-
[gebote.

Ich legte drunter
Dynamit,
damit
der Plunder
ritsch,
[zerreißt!

Ich hasse
alles Leichenhafte, Tote!
Und ich vergöttre
all,
was Leben heißt!

(1924)

Sebastopol-Jalta

Ins Auto
          wurden Armenier getan.
Ein Ruck –
          und los mit Gebrumm!
Die Straße nach Jalta
                    ist wie ein Roman:
es geht immer krumm
                    rundrum.
Zuerst
     schießt das Auto los
                    aufs Gebirg,
umschnurrt es
               in weichen Spiralen.
So ziehn auch wir los,
                    wenn die Liebe wirkt –
ausstechend
          alle Rivalen.
Schon schüttelt
          das Auto
                    uns sonnenwärts, –
oh, wenn es doch lieber
                    fröre!
So wird oft
     zum Kohlenbecken
                    dein Herz,
deine Brust
     zur Bratenröhre.

Stop! Rast
  mit Schaffleisch am Spieß
     und Wein.
Dein Kopf
  kommt mächtig ins Kreisen.
Die Krimschen
   Weintrauben
     lullen uns ein:
Liebkosungen sind es,
   nicht Speisen.
Eine Schlucht in Trauer.
    Ein lachender Grat.
Ich traue
  keinem von beiden.
Was heißt denn Moskito,
    und was heißt Muskat?
Man kann sie schon
   kaum unterscheiden.
Auf einmal packt dich
   ein Wunder mit Wucht,
wie die Liebe –
  du staunst
    ohne Worte:
so plötzlich
  erscheint
    das Gewölk und die Bucht
im Maul
  der Baidaryschen Pforte.
Und gleich
  wird die Straße

                        fader als fad –
die Bremsen
                durch Tunnels heulen,
ein Kirchlein
                steht auf dem Steinhaufen grad,
mahnt Heiratgewillte:
                        nicht eilen!
Und wieder
                streift deine Backen fast
der Fels
        und der Schrecken,
                        der fahle.
So lauert,
        wenn Eifersucht
                        dich erfaßt,
hinter jedem Eck
der Rivale.
Dann Stille.
            Die Winzer
                    im hügeligen Kreis
bestellen die Hänge
                mit Reben.
Begoß ich nicht auch
                meinen Weinberg
                        mit Schweiß?
Plakatmalen
        und -kleben!
Dann
    stauben
            schwebende Jahre vorbei,

die schütteln uns

        hübsch

                in der Pfanne.

Zur Abwechslung

           gibts ein Familiengeschrei:

ein Radreifen platzt –

             eine Panne.

Wird endlich

       das Rattern des Motors

                    zu bunt,

und wünschen wir dringend:

                »Macht Halt da!«

auf tut

     die Hotelgruft

            den steinernen Mund.

Stop! –

     Bitte zehn Rubelchen!

              Jalta.

                    (1924)

Tamara und der Dämon

Dieser brausende Terek
ist den Dichtern
           ein Plärr-Eck.
Ich kannte ihn nicht,
               den quicken Gesellen.
Vierschrötig
           entstieg ich dem Autobus,
spuckte
        vom Ufer hinab
               in die Wellen
und steckte
          den Stock
             in den schäumenden Fluß.
Ja, was ist dran schön?
                Ein reines Debakel!
Macht Lärm
         wie Jessenin im Kommissariat.
Als hätt Lunatscharski
              den Heidenspektakel
hier
   organisiert
         auf der Reise ins Bad.
Ich will
        die hochnäsige Nase abwenden
und verharre
         in halbschiefer Pose.
Ich fühle:

mich faßt
       mit spielenden Händen
die Schaum-
     und Wasserhypnose.
Jener Turm
    preßt den Lauf
       an die Schläfe des Himmels,
ein Turm,
der zum Sinnbild der Brunst ward.
Unterwirf doch
    – im Geist
       administrierenden Fimmels –
diesen Turm
    unserm Kogan,
       dem Kunstwart!
Da steh ich,
    von Bedauern und Wut durchrauscht,
daß die wildschönen
      Felsregionen
in blöder Verblendung
     ich
      umgetauscht
gegen Rummel,
    Ruhm,
      Rezensionen.
Mein Platz
    wär hier,
      nicht in Schöngeist-Revuen,
ich pfiffe
    auf Zeilenhonorare –

und heulte,
            bis daß mir die Stirnadern glühn,
und risse
            am Draht der Gitarre.
Ich kenn meine Stimme:
                        ein scheußlicher Ton,
doch ein unüberhörbares
                        Röhren.
Wer mich kennenlernt,
                    ist überzeugt
                                davon:
mich
        würde Tamara erhören.
In launischem Hochmut,
                        verschrobenem Geprahl,
meint die Fürstin:
mit Blicken verhöhn ich ihn!
Doch ich sag ihr
                gleich:
                        »Mir ists piep-egal,
ob Sie Wäscherin sind
                    oder Königin!
Und wieviel
            verdient man schon
                            mit Lautenspiel ...
Um Kopeken
            müht sich
                    die Wäscherin.
Denn gratis –
            was schenkt uns

der Berg schon viel:
nur Wasser –
        kannst schlucken
                und plätschern.«
Pah, wie sie hochging,
           zum Dolche griff!
Eine Hirschkuh,
          eine schußbeschädigte.
Doch ich,
      man weiß ja,
            mit Anstand und Schliff –
untern Arm ...
         einschmeichelnd ...:
               »Meine Gnädigste!«
wir zwei
      sind aus gleichem lyrischen Stoff,
und Sie –
      Sie fahren gleich lärmend auf!
Mir schilderte Sie
          nicht so kleinlich und schroff
ein gewisser
      Michail Lermontow.
Er pries
      Ihre Leidenschaft,
Sinnengewalt,
hat tief
      Sie ins Herz mir geschrieben.
Ich warte auf Liebe,
          bin dreißig alt.
Nun – einfach:

                    wolln wir uns lieben!
Und wie!
          Daß der Felsen
                         zum Bett wird aus Flaum.
Ich entreiße dem Teufel
                      und Gott dich!
Was ist dir der Dämon?
                       Ein Trugbild.
                                     Ein Traum.
Ein Mythus –
            und schon etwas schlottrig.
Stürz, bitte, mich nicht
                        in den Abgrund,
                                        o Maid.
Mich schrecken nicht
                     Schauerlegenden.
Den Rock zu zerschinden
                        tut mir nicht leid;
geschweige –
            die Brust und die Lenden.
Von hier aus –
              ein Stoß nur,
                            tüchtig und kurz –
und schon zerschmettern dich
                             Klippen.
In Moskau,
          da tut man
                      manch schmerzlichern Sturz –
über Stufen
           unter den Rippen.

                     72

Genug gesagt.

       Ich schnür meinen Sack,

überlaß

     dem schreibtollen Exarchen,

drob

   weiterzuschreiben:

           Boris Pasternak.

Und wir ...

     Sag doch ja, Tamarchen!

Das Weitere

    ist nicht mehr für Bücher bestimmt.

Drum

  Schluß

    mit meinem Geskribel!

Der Dämon kam,

     lauschte ...

         und ist sehr verstimmt

verduftet

   (er duftete

      übel).

Ja, Lermontow selbst

    trifft als Gast bei uns ein.

Er strahlt:

  »Oh –

    ein glückliches Pärchen –!«

Den Gast seh ich gern.

       »Eine Flasche Wein!

Schenk ein dem Husaren,

Tamärchen!«

           (1924)

Abschied

Im Auto.
        Gewechselt den letzten Franken.
– »Wann geht der Expreß nach Marseille?« –
Paris
      verabschiedet mich.
                     Ich will danken
für die tolle Pracht,
          die ich seh.
Seid feucht, ihr Augen,
             vom Abschied,
                     vom herben.
Empfindsames Herz,
          zerbrich!
Jawohl, in Paris
          möcht ich leben
                 und sterben,
gäbs nicht auf Erden,
          Moskau,
             dich!

(1925)

Das Fräulein und Woolworth

Der Broadway steht kopf.

           Geschäftslärm und Buhlwort.

Vom Himmel herab

        hängt ein Häuserblock.

Doch selbst hier noch

        erkennt man

             das Hochhaus

               [Woolworth,

diese Schnürleib-Kiste

        von sechzig Stock.

Ganz oben

      erforscht man den Sternbilderbogen.

In der Mitte

      klappern

          die Tippfräulein wild.

Das Erdgeschoß

        handelt mit Kremsoda, Drogen,

und »Famous National«

        steht auf dem Schild.

Im Schaufenster,

        siebzehnjährig, die Miß –

sitzt da

      und schärft reklamehalber Klingen.

Die rostigen »Gillettes«

        legt sie mit Schmiß

in die patentierten

        stählernen Zwingen.

Sie plättet und glättet sie
                    sanft überm Riemen;
und wiewohl sie
              kein Bärtchen zu haben hat,
muß sie
        das Schnurrbartrasieren
                              mimen
und vormachen:
                  hoppla, die Sache geht glatt!
Ein Stahlplättchen
                  hat sie auf Hochglanz geschliffen,
schon greift sie das nächste,
                          noch rostige, auf.
Sie schleifts,
          nimmts raus
                    mit graziösen Griffen
und macht eine Geste:
                  – Tritt ein
                            und kauf!
Vom Bart*schaben*
                  wird man nicht reich noch behäbig.
Bartlos
      und ausdruckslos
                      rast man und rennt.
Des Reichtums Geburt
                    ist auf andere Art *schäbig*:
Arbeit – ein Dollar.
                  Und Lohn – ein Cent.
Ich hab keinen Schnurrbart
                        und hab keinen Dollar,

mein Englisch
>> brockt mir und stockt mir
>> im Hals.
Den Mund an der Scheibe,
>> krieg ich einen Koller
und sage durchs Glas,
>> unhörbaren Halls:
»Da sitzt du
>> auf deinem Podium oben
und hoffst – worauf?
>> Auf den Prinzen Louisdor?
Doch dem Mädchen schwant, ich sagte:
>> »Open,
open the door.«
»Was gehn sie dich an, die fremden Bärte?
Du Schaustück
>> bittrer Versklavung!«
Die Maid aber
>> phantasiert, sie hörte
ganz andre Worte:
>> »I love you.«
Ich wüte:
>> »Zerbrich die Vitrine,
>> und Klingen
teil aus
>> für die Gurgeln der protzigen Kerls!«
Das Mädchen
>> hörts in der Ohrmuschel klingen:
»Du sweetheart,
>> süßeste aller Girls.«

Die Einbildungskraft
                    vollendet ihr Werk, –
schon schein ich ihr schön
                    und polstrig.
Sie nimmt mich für einen verliebten Clerk,
der zur Brautschau herkam
                    von Wallstreet.
Schon glaubt sie,
          bebend vor Glück, die Miß,
nun brächt ich, ein Geldfürst,
                    der Sehnsucht Belohnung:
in Luxus-Etagen warte gewiß
die große
          Gratis-Nahrung und -Wohnung.
Wie soll ich
          ihr ins Bewußtsein
                    ätzen:
Wir
    kennen ein Mittel von anderer Artung,
das Werkvolk
          in alle Etagen
                    zu setzen, –
ohne Wunschtraum,
          ohne Heirat,
                    ohne Erbschafts-
                              [Erwartung.

                                    (1925)

78

Nach Hause

Kehrt, Gedanken, heim, nach Hause.
Schlingt euch,
        See und Seele,
                um und um.
Wer stets klar ist,
            stets und ohne Pause –
ist,
   so mein ich,
          einfach dumm.
In einer Kajüte
         von übelster Güte,
wo die Decke
         vom Hämmern der Tanzenden glühte,
nachtein, nachtaus,
          ob ich wach lag, ob schlief,
stampfte und stöhnte
          das gleiche Motiv:
»Marquita,
       Marquita,
Marquita, mein Licht,
warum ach,
       Marquita,
erhörst du mich nicht ...«
Ja warum
       soll mich Marquita mögen?!
Habe
   keine sieben Franken mehr.

79

Hätte ich
        ein kleines Barvermögen
(winkt ich nur!) –
                Marquita käme her.
Gar nicht teuer –
            hoppla,
                leb mal wie die Höhern!
Nein,
Gehirnmensch,
                wirbelnd hoch den Dreck der Zeit,
wirst du ihr
        die alte Nähmaschine nähern,
die zu Seidennähten
                Vers an Verse reiht.
Der Prolet
        kommt zur Partei
                        in aufsteigender Richtung –
wo er Kohle haut,
            wo er mäht, wo er schippt;
ich warf mich
        in den Kommunismus
                        aus den Himmeln
                            [der Dichtung,
weils für mich
        ohne ihn
            keine Liebe gibt.
Hab ich selbst
        mich verbannt,
                hab zum Teufel ich fahren
                        [müssen?

Schwarz wird meiner Stimme Erz,

                rostig meiner Worte
                  [Guß.

Warum ich wohl

         unter fremdländischen Regengüssen
naß werden,

        faulen

           und rosten muß …

Wie ich,

      jenseits der Wasser

              hier müßig lieg –

kann vor Trägheit

          ich kaum

              meine Maschinenteile rühren.

Ich betrachte

        mich

          als eine Sowjetfabrik,

erbaut, um

        Glück

zu produzieren.

Ich will nicht

        als Blümlein auf Feldern blühen,

als Sträußchen

        Wicke, Reseda und Mohn,

welches man pflückt

          nach des Tages Mühen.

Ich will,

        daß die Staatliche Plankommission

mein Pensum alljährlich

          in heißer Debatte

vorschreibe
auf strengem
Kontrollzifferblatte.
Ich will,
daß das Herz
eine Liebe verschlinge –
wie ein Fachmann
die höchste Gehaltsnorm empfinge.
Ich will,
daß am Abend,
nach Arbeitsschluß,
der Betriebsrat
die Lippen mir
zuschließen muß.
Ich will –
meine Feder ins Waffenverzeichnis!
Bajonett und Feder –
so laute das Gleichnis!
Neben das Roheisen,
neben den Stahl hin
trete das Wort,
zum Vers verdichtet!
Ich will,
daß von Dichter-Erzeugnissen
Stalin
im Namen des Politbüros
berichtet.
»Soundso ...
Aus Höhlen,
kaum gut für das Vieh,

zum Gipfel des Lebens hin

               stürmt unser Fortschritt:

In unsrer Union

          steht der Sinn für Poesie

hoch

    über dem

          Vorkriegsdurchschnitt ...«

(1925)

Brief an Moltschanows Liebste, nachdem er sie verlassen –

wie hiervon kundgetan ist in Nr. 219 der »Komsomolskaja
Prawda«, in dem Gedicht »Stelldichein«

Hör ich recht?

        Moltschanow bricht mit

Ihnen,

    läßt Sie kalt allein ziehn,

weil Sie

      in die Herbstzeit nicht mit

»elegantem« Jäckchen

          einziehn.

Ihm mißfällt

      Ihr blaues Hals-

tuch,

    er sagt: »Wie schlecht! Wie billig!«

Und nach der Kritik

        des Schals

meint er:

    »Du wirst alt und füllig.

Was ich brauch,

       heißt: straffe Brüste.

Klag nicht.

    Du wirst mählich fett.

Jene andre,

    die ich küßte,

trägt auch

     ein Modell-Jackett.«

Diesen Schmutz
          recht aufzuputzen,
hat er ihn
          gereimt,
                    geründet
und zum allgemeinen Nutzen
auch
     marxistisch
               wohlbegründet:
»Nach schmerzlicher Jahre
stürmischen Wogen
soll kein Zweifel den Mut mir trüben.
Hier, unterm friedlichen Himmelsbogen,
will ich nun lachen,
                    darf ich nun lieben« ... –

Massiv geläutet.
Paßt mal auf, das bedeutet:
Wohl ein Brücklein
                    wollt ich schlagen,
sollt zum Sozialismus
                         tragen.
Hab es
      nicht zu End gebaut,
lieg schon
          auf der faulen Haut.
Auf dem Brücklein
                    wächst schon Gras,
Schäflein hat dran
                    Spaß und Fraß.

Simpel heißt das: wir geruhn,
nun ein wenig
                    auszuruhn.
Eingerollt die Fahnen!
                         Niedlich
plätschert Glätte
                    ohne End.
Blumen
        an die Brust!
                         Denn friedlich,
friedlich lacht das Firmament ...
Verschmähte!
                keine Furcht vor der Prunk-Tirade
unseres lorbeergekrönten
                              Rangen!
Einfach
         und grade
antworten Sie ihm
                    unbefangen:
»Schluß
         mit Ihren Trillerworten!
Bin ich alt?
              So was Fatales!
Sie sind
         auch nicht
                       jünger worden,
Sie
    samt Ihren Pastorales.
Busig protzt
              in jenen Jäckchen

fremden Abschaums
                    Weiberbande.
Polen schickt uns
                    manch ein Päckchen
eleganter
            Konterbande.
Schmälst,
        ein Mann der Musenweihe,
meine
        dürftigen
                    Baumwoll-Lilien,
statt
    durch Industrie-Anleihe
aufzubessern
                die Textilien!
Fault auf Ihrem Hals
                    ein Kohlkopf?
Tut sich
        an Schimären gütlich?
Wo,
    Moltschanow,
                    armer Hohlkopf,
fanden Sie
            die Welt
                    so friedlich?
Während Sie
            noch süß scharwenzeln,
sich mit Vorschußflor
                    bekränzen,
spürt man

       schon das bittre Brenzeln
sacht
    von jenseits
         unsrer Grenzen.
Sehn
    bei tändelnden Gelüsten
Sie nicht mehr
       den Feind sich rüsten?

Rasselschar in Apollos Gehege!
raff deine literarischen Nerven,
tritt beiseit, –
      sonst stehst du im Wege
wahrhafter Sammlung und hartem Entwerfen.

(1927)

Brief aus Paris an den Genossen Kostrow
über das Wesen der Liebe

Genosse Kostrow,
        Sie verzeihn
                meinen Trend
(in Ihrer weitherzigen
            Größe) –
daß ich
      ins Pariser Vers-Kontingent
solch eine Ladung
           Lyrik
              flöße.
Bitte,
     eine Schönheit
               betritt den Saal,
mit Pelz und Perlen
           geschmückt.
Ich
   erfasse die Schönheit
              und sage jovial
(hab ich
     mich recht ausgedrückt?): –
»Ich komme,
        Genossin,
             aus russischem Land,
bin dort eine berühmte Figur;
ich hab schon
         hübschere Jungfern gekannt

und Jungfern
             von besserer Statur.
Auf Dichter
        fliegen die Mädels
                        wie toll;
ich bin nicht blöd
               und hab Stimme:
ich rede
den Leuten die Hucke voll,
wenn sie mir nur lauschen
                      wie immer.
Niemand erwischt mich
                  bei platter Empfindung,
ich schwärm nicht
               für Hintertreppe;
der ich
      meine Liebe als hohe Entzündung
kaum noch
         durchs Dasein schleppe.
Liebe und Hochzeits-Parade
läßt sich nicht unbedingt
                       kuppeln.
Ich pfeife
         im höchsten Grade
auf Orgelmusik
             und Kuppeln.
Nicht will ich
             im Einzelnen kramen,
die Scherze lassen wir lieber;
ich bin ja,

                    beste der Damen,
nicht zwanzig,
                    nein, dreißig und drüber.
Liebe
          wohnt nicht
                    im Übersprühen,
noch will sie
                    als Kohlenglut funkeln;
sie will
          hinterm Büsten-Gebirg aufziehen
und über
          Lockenhaar-Dschungeln.
Lieben
          heißt Klieben,
                    zum Hackklotz eilen,
dort
bis zur nächtlichen Rabenschwärze
Holzscheiter spalten
                    mit blinkendem Beile,
spielend
          mit eigenem Können
                    scherzen.
Lieben
          heißt:
                    daß man nicht schlafen kann,
gepeinigt nachts
                    von Eifersuchtsqualen:
ein Kopernikus
                    (nicht Lieschen Müllers Mann)
erwächst uns

zum wahren
                    Rivalen.
Keine Wiese
          im Paradiese
                    heißt Liebe;
nein,
     uns verkündet
               der surrende Rotor:
schon hetzt
          neues
               Kurbelgetriebe
des Herzens
          erkalteten Motor.
Ihre Bindung mit Moskau
                    zerriß.
Jahre
     trennen, entfernen.
Wie macht man Ihnen
                    den Zustand
                         gewiß?
Wie solln Sie
          ihn richtig erlernen?
Himmelauf branden
                    Lichtermeere;
droben
     wogt
          der Milchstraßenstrom.
Wenn ich nicht
          Dichter wäre,
ich würde glatt

Astronom.
Hebt der Stadtplatz sein Gebraus,
drin die Droschken treiben,
zieh ich
        mein Notizbuch raus,
Verse
     im Gehen
         zu schreiben.
Autos,
     ohne mich zu streifen,
durch die Gassen
         rasen.
Die Gewitzigten
        begreifen:
Ich bin drin
      in Ekstasen.
Pegasus des Bild-Buketts
legt sich
     in die Zügel;
selbst dem braven
         Meister Petz
wüchsen bei uns Flügel.
Und jäh,
     wie in Volksküchen
          ausgeschmort,
wie aus Siedekesseln erflossen,
spiralt
     aus dem Rachen
         zum Himmel
            das Wort,

kometengleich,
                gold-entsprossen.
Ein Drittel des Himmels
                verhängt
                    jener Schweif –
des Kometen Flammengefieder;
daß drob
             eines Liebespaars Aufblick
                    hinschweif'
aus lauschiger Laube
             von Flieder;
daß der Blick sich hebe,
                der Schwache aufschaue,
des Augen
           schon matt sind und stumpf;
des Feuerschweifs
             blitzender Krummsäbel
                    haue
den Feindschädel
           runter vom Rumpf.
Mich selbst
        hab am Brustkorb ich abgehört,
wie harrend
        vorm Stelldichein,
da lausch ich:
          horch, meine Liebe röhrt,
meine Liebe,
        simpel und rein.
Sturmwind,
        Feuer

und Wasser
drängen zum wilden Choral.
Wer ist
ihr Bezwinger,
Umfasser?
(Was,) Sie? ...
Versuchen Sies mal!« –

(1928)

Brief an Tatjana Jakowlewa

Auch im Kuß der Hand,
                    der Lippen,
im Bewegtsein
                der mir Teuern,
mögen
        meine Republiken
uns
    mit gleichem Rot
                    befeuern.
Ich liebe nicht
                die Pariser Liebe:
präsentiert mir
                ein Weibchen
                            in seidenen Dingern, –
ich dehn mich im Halbschlaf;
                            vertierende Triebe
treib ich
        wie Hunde
                mit »kusch!« in den Zwinger.

Du, im Wuchs
            allein mir gleichend,
brauennah
        den Blick mir reichend,
sollst
    von diesem
                ernsten Abend

Menschliches
            zu sagen haben.
Wenn um fünf
            der Tag sich neigt,
auch
      das Städter-Dickicht
                        schweigt.
Tot die Gassen,
stumm der Haufen;
Pfeifkonzert
            von Zügen steigt,
die nach Barcelona laufen.
Schwarz der Himmel,
                  Blitze stoben,
grob
      dramatisierter
                  Ärger, –
Wetter?
      Nein.
            Rivalen toben:
Eifersucht
            versetzt die Berge.
Glaub nicht Worten,
                  roh und erdig,
trau nicht
            törichtem Gerüttel.
Zähmen will ich,
                  zäumen werd ich,
zwingen
      muß das innere Pferd ich

97

in mir selbst,
                    wärs mit dem Knüttel.
Begier ist wie Masern:
                        fällt ab mit dem Schorf.
Das Hochgefühl bleibt,
                    das unverdorrte.
Noch lange reih ich
                    munter das Wort,
in Versen redend,
                    an andere Worte.
Eifersucht,
        Ehefrau,
                Tränen ...
                        wie nichtig!
Augen verquollen,
                    ein Götzen-Getier.
Nicht für mich
                bin ich eifersüchtig: –
ganz Sowjetrußland eifert in mir.
Sah
    die schlecht geflickten Schultern;
Lungenschwund,
                    den schlecht vernarbten.
Ach, was tun?
                Wir sind nicht schuld dran;
hundert Millionen darbten.
Hier ist
        Zartsinn zu betätigen.
Sport
    wird wenig dran bereinigen;

Moskau würde euch
                benötigen,
Mangel herrscht dort
                an Langbeinigen.
Typhus,
        Schnee
                durchschritten deine
Füße,
        kannten Schmerz wie wenige.
Gibst zum Nachtmahl preis
                        die Beine
nun dem Griff
                der Erdölkönige.
Blinzle nicht,
        das Rätsel reizend,
unter langgezognen Brauen.
Komm,
        sei Gästin auf dem Kreuzweg
meiner Arme,
                meiner rauhen.

Sagst du Nein?
                So bleib, wo du bist,
                        überwintre, –
zu manchem Schmähwort
                        summier ich noch dies.
Dich hol ich einst
                sowieso
                        (nichts wird mich hindern),
dich allein

oder zu zwein,
           samt Paris.

                              (1928)

Die Pariserin

Wie malt man sich
    die Pariserin gerne?
Perlberingt,
   ganz in Brillanz gehüllt.
Das harte Dasein
    zwingt,
      umzulernen:
meine Pariserin
    bietet ein anderes Bild.
Vielleicht jung –
    sieht sie
      wie eine greise aus,
vergilbt
   und zerknüllt
      in geschniegelte Sphäre.
Sie dient
   als Klosettfrau
      im Speisehaus,
im kleinen Speisehaus
    »Grande Chaumière«.
Läßt Burgunderwein
    dich den Drang verspüren,
mal auszutreten
    (ein Pfeil weist dich hin), –
Mademoiselle hat dir
    das Handtuch zu servieren,
sie tut es als wahrhafte

Künstlerin.
Und während du
im Trumeau
deine Pickel erblickst,
hält ihr rissiger Mund
schon ein Lächeln bereit,
sie zerstäubt Parfüm,
wölkt den Puderbausch fix,
worauf sie
die Pfütze
vom Steinboden reibt.
Die Sklavin der Notdürfte
lebt ganz ohne Taglicht
im Klosettschacht,
im Dunst der Kloaken-Theke.
Das Entgelt,
der halbe Franc,
ist recht fraglich:
pro Mann,
laut Rubelkurs,
vier Kopeken!
Überm Lavabo
meine Hände seifend,
staune ich
über derlei
Mademoisellen;
Kosmetik atmend
und nichts begreifend,
möcht ich
an Mademoiselle

die Frage stellen:
»Mademoiselle,
                pardon, –
                        doch Sie scheinen mir verwildert.
Im Pissoir zu altern,
                ja, hat das einen Sinn?
Man hat mir
                die Pariserinnen
                        falsch geschildert,
oder – Sie sind,
                Mademoiselle,
                        keine Pariserin.
Sie scheinen mir
                schwindsüchtig,
                        scheinen zu welken.
Wollstrümpfe, bah! . . .
Warum nicht Seide, graziös?
Wo bleiben
                die parmesanischen
                        Astern und Nelken
von den dankbaren
                höhergestellten
                        Messieurs?«
Mademoiselle schwieg,
                denn da warf sich ein Donnern
auf unser notdürftiges
                Kellergelaß.
Droben stampften
                des Karnevals
                        tanzende Madonnen,

droben dröhnte
        pariserisch
                der Montparnasse.
Verzeiht mir bitte
        dieser Verse Unschicklichkeit
und daß ich mich
        Pfützen zu schildern
                erkühnt.
Doch schwer hats
        eine Frau
             in der Pariser
                Wirklichkeit,
wenn die Frau
        sich nicht verkauft,
                sondern ehrenhaft
                  dient.

(1929)

Schöne Damen

Gedanken bei der Eröffnung der Grande Opéra

Im Smoking,
            wie ein Ober,
rasiert,
            wie mit dem Hobel,
in der Großen Oper,
flaniere ich nobel.
In der Pause,
            im Vestibüle,
welche Frauen, wieviel Schönheit!
Mich entwaffnen die Gefühle –
Mit der Welt
            bin ich versöhnt heut.
Eine Vase
            ihre Taille.
Ihre Lippen
            ein Geblüm.
Ihre Nägel
            aus Emaille.
Und ihr Atem ein Parfüm.
Ums Aug –
            violetter
Fond,
      wie auf Wachs.
Seidne Schulterblätter –
fein rosa wie Lachs.
Fallend

von oben
mit Schick
        und Kunst,
langwallende
        Roben –
zu vornehm
        für uns.
Ohren
drehn Brillantgehänge.
Busen schaukeln unterm Latz.
Platz
    dem Perlenbandgepränge
macht
    der Hermelinbesatz.
Flaum,
    der wie im Traum
                erschien.
Selbst ein Walroß,
            alt und fett,
trägt nur
        eitel
            Crêpe de Chine,
nur ein Wölkchen
            aus Georgette.
Flitterglanz
            und Spangengold!
Durchsichtskleid
            von Schopf bis Schuh.
Ach,
    wer denn verlangen wollt

auch noch –
      einen Kopf dazu ...

(1929)

III

Das Liebesboot mußte
am Dasein zerbrechen

Mit aller Stimmkraft
Erster Vorspruch zu einem Poem

Ihr Nachkommen,
                    verehrte Genossen Enkel!
Durchwühlt ihr einst
                    der Jetztzeit
                              Kot-Petrefakt
und studiert unsrer Tage dunkles Gesprenkel, –
vielleicht wird dann auch
                    nach mir gefragt.
Und vielleicht erklärt euch drauf
                    euer Gelehrter,
ein gar gelehrsamer
                    und aufgeklärter:
»– da war mal der Sänger,
                    der ausgekochte,
der ungekochtes Wasser nicht mochte ...«
Professor, nehmen Sie ihre Zweirad-Brille ab!
Ich geb einen Selbstbericht,
                    bündig und knapp.
Ich, der Assanierer
                    mit dem Stadtsprengwagen,
den die Revolution mobilisierte und entsandte,
kam zur Front
                    aus den herrschaftlichen Gartenbauanlagen
der Dichtkunst,
                    jener launischen Tante.
– »Hab den schönsten Blumengarten,

süßes
Kindchen,
treues
Männchen.
Will die Blümchen selber warten
und begießen aus dem Kännchen.«
Kannegießer, schwenk die Kann!
Spießer-Lippen
prustet Lyrik!
Welcher Teufel euch ersann!
Tropf, wer euch ertragen kann –
herzlich-zierlich, schmerzlich-schmierig!
Gibts denn keine Seuchensperre
für das falsche Schmachtgeplärre?
Mandolinen, tingel-tang-
klingelklang …
Fragwürdige Ehre,
wenn aus solcher Art Rosen
mein Bildwerk zum krönenden Gipfel aufstieß –
im Stadtpark,
bespien von Tuberkulose,
von Hure, Rowdy
und Syphilis.
Auch mir
wächst die Agitpropkunst
zum Halse heraus,
auch ich
schriebe
Goldschnitt und Fliederstrauß, –
das wär was

für Scheckbuch und Seele.

Doch ich

    bezwang mich,

        trat

            bebenden Hauchs

dem eigenen Lied

        auf die Kehle.

Genossen Nachkommen,

        Achtung!

            – hier der Richtpunkt!

Der Agitator,

      der Anführer,

            der Schreihals gibt Bericht.

Übertäubend

      die rauschenden Ströme der Dichtung

überschreit ich

      der Gedichtbändchen

            papierne Schichtung –

wie ein Lebender,

      der mit Lebenden spricht.

Ich komm zu euch

      in kommunistische Ferne-Zeiten

nicht mit Jesseninschen,

      romanzenheldischen

          [Verzierungen.

Mein Vers

    wird der Jahrhunderte Gebirgshöhn

            überschreiten

und euch erreichen

      über Köpfe

von Poeten und
                    [Regierungen.
Mein Vers gelangt ans Ziel,
            doch nicht gewichtlos, halb erloschen, –
nein, nicht wie Amors Pfeil,
                    anakreontisch-federleicht,
nicht wie zum Münzenforscher kommt
                    der abgegriffne Groschen,
nicht wie das Licht
            verstorbner Sterne uns erreicht.
Mein Vers durchbricht
            mit Müh
                    die Jahre, die gestauten,
und zeigt sich
        griffig,
                deutlich derb,
                        nicht zu bestreiten,
wie bis zum heutigen Tag
                die Wasserleitungsbauten
der Sklaven Roms
            noch stehn und Wasser leiten.
Grabt ihr im Hügelgrab der Bücher,
                        drin der Vers still ruht,
und stoßt auf brockenharte Zeilen,
                    stahlbeschaffen,
nehmt sie voll Achtung
            in die Hand
                    und prüft sie gut,
als alte,
    aber furchtbar starke Waffen.

Mein Wort
          ist nicht
                    der süße Ohrenknecht.
Da gibts kein Mädchen-Öhrlein
                              unterm Kringel-Haar-
                                        [geflecht,
dem ich mit Zötchenkram
                    je Anlaß zum Erröten gab.
Parade meiner Blätter
                    – wie vorm Schaugefecht –,
ich schreite
          ihre Zeilenfronten ab.
Bleischwer gereihte Verse
                    blicken auf,
bereit zum Tod
          wie zu des Weltruhms Fackelzündung.
Poeme stehn »habt acht!«
                    und pressen Lauf an Lauf
mit ihres Titels
          drohend offner Mündung.
Die liebste Waffengattung,
                    die gewitzte,
in heißer Faust
          geschärfter Reime Griff,
die Kavallerie
          gespitzter Geistesblitze
ist johlend sprungbereit
                    mit Schwung und Schliff.
Und all
     die Truppenmacht

                    rasanter und brisanter Rhythmen,
die zwanzig Jahre
                    Sieg um Sieg
                              erhöhten,
will bis zum allerletzten Blatt ich
                              dir nur widmen,
nur dir,
        dem Proletarier des Planeten.
Des Arbeitsmanns
und seiner Riesenklasse Feind
ist *mein*
        erklärter Feind
                    und wars schon frühe.
Denn unter roter Fahne
                    hat uns längst
                              vereint
manch Hungertag
                    und manch ein Jahr der Mühe.
Wir öffneten
        Karl Marx,
                    wohl Band um Band, –
so öffnen wir
        daheim
              die Fensterladen;
doch hätten wir
              auch ohnedies erkannt,
wo unser Feind lag,
                    wo die Unsern lagen.
Die Dialektik
        lernten wir

nicht grad bei Hegel;

mit Kampfgeprassel

brach sie in den Vers,

als wir

den Bürger schlugen

durch Umkehr der Regel,

laut welcher er

uns schlug

vorerst.

Wenn witwenhaft-untröstlich

dem Genie

Frau Gloria folgt

und Trauermärsche spielen, –

so stirb, mein Vers,

als Mann der Infanterie,

wie unsre Braven

namenlos

bei Sturmangriffen fielen!

Ich pfeif

auf Zentner-Bronze und Skulptur-Zement,

ich spotte

jedes glorienglitschigen Marmor-Visums

Wer ficht um Ruhm? –

er bleibt im Werk präsent!

(ists doch der Kreis, wo man sich kennt)

wohlan,

so werd uns

zum Gemeinschaftsmonument

der hart

in Kämpfen

auferbaute Sozialismus.
Nachkommen,
angelt ihr am Lethefluß,
prüft immer
das Lexikon,
den angeknüpften Schwimmer:
auftaucht manch Wörter-Rest
wie »Hure«,
»T-b-c«,
»Blockade«.
Dich liebend,
junges Volk,
gesund und aufgeweckt,
hat der Poet
den Schwindsuchtspeichel aufgeleckt
mit der gerauhten Zunge der Plakate.
Gleich eines Urzeit-Riesen
Saurier-Schweif
werd ich in deiner Zeit
museumsreif.
Genosse Leben,
daß den Rest der Tage
allerflottest
in Planjahrfünften
du mit uns
zum Ziele trottest!
Die Verskunst
füllte nie mit Rubeln
meine Taschen,
und in mein Haus

kam keine Mahagoni-Zierde,
und außer
einem Hemde, frisch gewaschen,
hab ich,
auf Ehre,
keinerlei Begierde.
Erschein ich einst
in lichter Zukunft
vorm Parteigericht,
über der Bande
dichtender
Betrüger, Schieber, Kriecher, –
heb ich
als bolschewistisches Parteibuch
hoch ins Licht
all meine
hundert
gut parteigetreuen Bücher.

(1930)

»Liebt mich? liebt mich nicht?«
　　　　　　　　　　　händeringend, rätselratend
knack ich meine Knöchel,
　　　　　　　　　mit Fingern um mich werfend –
so schenkt man dem Maiwind,
　　　　　　　　　　mit Kamille orakelnd,
Kronblätter, die Zufallsblume entnervend,
Haarschnitt und Bartschur, gebt preis mein Ergrauen!
Der Jahre Silbergeläut, sei nicht schüchtern!
Nie in Ewigkeit kommt mir (will hoffend drauf bauen)
schändlichen Wohlverstands
　　　　　　　　　　schales Ernüchtern ...

Schon zwei Uhr nacht, du legtest dich wohl schlafen –
Milchstraße wird den toten Stromarm strecken –
ich eile nicht, kein Grund, mit Blitzfunk-Telegraphen
dich aufzuwecken, aus dem Schlaf zu schrecken.
Der Zwischenfall ist, wie man sagt, bereinigt;
das Liebesboot mußte am Dasein zerbrechen.
Mit dir bin ich quitt; unnütz und peinlich,
von wechselseitiger Kränkung zu sprechen.
Schau, welche Stille durch den Kosmos ödet ...
Nacht zollt dem Firmament die Sternenglorie ...
In solchen Stunden steht man auf und redet
zur Welt, zum Universum, zur Historie –
Ich weiß um Sprachkraft, kenne Wort-Alarm.

Es sind nicht Worte, denen Logen Beifall klatschen.
Dem Erdreich reißen sie die Särge aus dem Arm;
die solln auf ihren holzgeschnitzten Vieren

                   [marschieren . . .
Die Zeit bringt manches ungedruckt zur Strecke;
jedoch das Wort rast los, den Sattelgurt recht spannend,
Schnellzüge rollen an, die Schwielenhand der Poesie

                               [zu lecken.
So tönts durch die Jahrhunderte. Ich weiß um

                             [Sprachkraft.
Leicht scheints, daß sie nur Bagatellen nachschafft,
ein Kelchblatt unterm Schuhabsatz beim Tanz.
Doch Lippen des Menschen flößen Leben ein,
und Rückgrat eins und ganz . . .

(1928-1930)

Nachwort

I

Vom Glück der gefundenen oder vom Unglück der verlorenen Liebe zu erzählen gehört zu den Urmotiven der Lyrik, denn nirgends ist der Mensch privater, intimer und auch verletzlicher als in jener unmittelbaren Beziehung zu einem anderen, und nirgends überschreitet er sich so rückhaltlos und total wie in der Liebe. Aber Liebesgedichte geben in ihrer Art und Weise des Auftritts, ihrer Selbstverständlichkeit oder Verschämtheit, ihrer klaren oder verstellten Sprache immer auch Auskunft über die Umstände ihrer Entstehung. Im Falle Majakowskis nun muß auf diese doppelte Bedeutung gewiß nicht hingewiesen werden, denn es gibt kaum ein lyrisches Werk, in denen die Wechselwirkungen von Individuum und Gesellschaft, von privater Empfindung und allgemeiner Angelegenheit, von persönlicher und historischer Geschichte dermaßen kenntlich und poetisch durchdrungen sind. Gewiß gibt es das konkrete Liebesgedicht, in dem ein anderer Mensch mit Versen umarmt und festgehalten wird, aber das ist eher singulär. Hier ist das Genre prinzipiell größer und weiter zu fassen und auszudehnen auch auf die Liebe zu einer Idee. Und wenn es etwa heißt: »Es lebe die Revolution, / die baldige, lichte! / Der einzig, / wahrhaftig / erhabene Krieg / von allen Kriegen / der Weltgeschichte«, dann ist in diesen affektiv hochstürmenden Versen ein Potential an Leidenschaft enthalten, das bezogen auf einen anderen Menschen kaum größer sein könnte. Oft überschneiden sich die Motive der Liebe innerhalb eines Gedichtes, nehmen hier die Gestalt einer Frau an und dort die einer Sache. Das ästhetisch Problematische an Liebeslyrik ist ja der Versuch, einen einzelnen in der ganzen Tiefe eines Gefühls anzusprechen und es doch so zu tun, daß der Leser, jener Dritte und Fremde im Bunde, nicht zum Voyeur wird. Wie indiskret und hermetisch, von Kitsch und sprachlichem Plunder heimgesucht mag sich da vieles gebärden, was als Liebeslyrik firmiert. Daß sich bei Majakowski selbst in frühester Jugend, die fraglos ein Recht darauf hat, literarisch danebenzugreifen, wenn es um die Bannung starker Empfindungen geht, keine einzige peinliche Zeile finden läßt, beweist die Außerordentlichkeit dieser lyrischen Stimme und die schnelle Reife eines Bewußtseins für Zeit und Geschichte. Wenn er in dem Poem »Wolke in Hosen«, das wir allein seines Umfanges wegen hier nicht mit aufnehmen konnten, eine Frau namens Maria anruft, die gleichsam eine Imagination aller Frauen in einer darstellt, dann sehen wir, wie poetisch abstrakt der Autor von Anfang an das Reale behandelt. Aber wie im Dispositiv dazu gewährt auch niemand einen tieferen Einblick, wie Poesie von ideologischer Inanspruchnahme beschädigt werden kann. Denn auch das muß gesagt sein: die Hymnen der Zukunftsverheißung und einer ins Politische gewendeten Religiosität, wie er sie in den 20er Jahren unter dem Eindruck von Revolution und Gründung der Sowjetunion schrieb, bewegen eine Menge agitatorischen Ballast und sind allenfalls noch ihrer besonderen lyrischen Techniken halber, wie der freien Behandlung des Verses und der Verwendung von Assonanzen, oder ideologiegeschichtlich interessant. Und wenn es gar heißt: »Das Kleine miß stets / am gewaltigen Ziel.«, dann kann es einem heute eigentlich nur noch unheimlich werden. Auch das eine Schnittstelle wie die des Liebesgedichtes, das Innen- und Außenwelt in ihrer Gegensätzlichkeit miteinander verbindet: die Art und Weise der Reaktion auf ein historisch so großes Ereignis, wie die Oktoberrevolution von 1917 eines war. Eine ganze Generation von Dichtern und Künstlern ist von diesem Geschichtsverlauf auf mehr oder weniger tragische Weise mitgerissen worden; ob Sergej Jessenin im Suizid, über den Majakowski etwas belehrend schreibt: »Es gibt noch wenig Lust auf unserm Stern. / Man muß die Freude aus der Zukunft reißen. / In diesem Leben stirbt man leicht und gern. / Bedeutend schwerer ist: das Leben meistern.«, um ihm dann nur fünf Jahre später auf ähnliche Art und Weise zu folgen, oder Marina Zwetajewa im Exil, ob Anna Achmatowa in Armut und Isolation oder Ossip Mandelstam in der Verbannung – gescheitert oder doch um die Kraft ihrer Jahre gebracht sind sie alle. Auch Majakowski, der zunächst ein Kind der Revolution war, ehe er eines ihrer zahllosen Opfer werden sollte.

Als drittes Kind und einziger Sohn eines Försters wird Wladimir Wladimirowitsch Majakowski am 19. Juli 1893 im georgischen Bagdady geboren. Nach dem frühen Tod des Vaters durch eine Blutvergiftung und einem Umzug der Familie nach Moskau kommt er mit 14 Jahren ans Gymnasium, wird dort aber, da die Mutter das Schulgeld nicht mehr aufbringen kann, nach nur zwei Jahren wieder entlassen. Er liest marxistische Literatur, sympathisiert mit der Russischen Sozialdemokratischen Arbeiterpartei, beteiligt sich an politischen Kundgebungen und wird wegen staatsfeindlicher Propaganda mehrmals verhaftet. Und er schreibt seine ersten Gedichte, die allerdings von den Aufsehern einer damals berüchtigten Haftanstalt konfisziert werden. 1912 erscheinen dann »Nacht« und »Morgen« in einem futuristischen Almanach. Gleichzeitig beschäftigt er sich mit Malerei und beginnt ein Studium an der Moskauer Kunstfachschule. Dort lernt er David Burljuk und Welimir Chlebnikow kennen, deren futuristischer Gruppe »Gileja« er sich anschließt.

Es folgen futuristische Manifeste und der Ausschluß aus der Kunstakademie zusammen mit David Burljuk sowie weitere Repressalien wegen revolutionärer Aufsässigkeit. Die Poeme »Wolke in Hosen« und »Die Wirbelsäulenflöte« entstehen, und der Lyriker zeigt sich hier, was Stilsicherheit und poetische Bildlichkeit betrifft, schon ganz auf der Höhe seiner Begabung. Auch thematisch ist bereits alles präsent: die Liebe, die Kritik an jeder Form von Bürgerlichkeit, die Religion – der ein Glaube an die

Revolution folgen wird – und die Kunst. Das Neue und Ungewohnte an diesem lyrischen Sprechen ist sein Gestus der rhetorischen Unmittelbarkeit, der Sache und Satz fast als identisch behandelt und zum erzählerischen Langgedicht drängt. Hochmodern auch die Flüchtigkeit des reflektierenden Subjekts und die Verklammerung einander ausschließender Motive. In Abgrenzung zum Symbolismus eines Alexander Blok oder Imaginismus eines Sergej Jessenin entsteht so eine Lyrik, die sich für eine Darstellung des Alltäglichen ebenso eignet wie für den mündlichen Vortrag. Damit ist eine der Struktur nach offene lyrische Form geschaffen, die auch besonders geeignet für Agitation und politische Inhalte ist. In einer anderen, das Wort eher symbolisch konditionierenden Poetik wäre eine solche Instrumentalisierung der Lyrik kaum möglich gewesen. Hier wachsen ein poetisches Selbstverständnis, das zu einer Modernisierung des Metrums und einer eher unmetaphorischen, konkret bleibenden Bildlichkeit führt, und ideologischer Auftrag zusammen. Nach Ausbruch des Ersten Weltkrieges meldet sich Majakowski an die Front, wird aber zurückgewiesen und arbeitet vorübergehend in einer Petrograder Fahrschule. 1915 macht er die Bekanntschaft mit Maxim Gorki, der zu seinem literarischen Ziehvater wird und einen sicher großen Einfluß auf seine politische Haltung ausübt. Im selben Jahr lernt er die mit dem Literaturwissenschaftler Ossip Brik verheiratete Lilja Brik kennen und verliebt sich in sie. Eine öffentlich beachtete Mènage á trois beginnt, zunächst noch in Petersburg, wo er sich im Palais Royal unweit der Briks ein Zimmer mietet, und ab 1920 in einer kleinen Wohnung in Moskau, die sie sich zu dritt teilen. Ossip Brik wird Majakowskis Verleger, der auch erstmalig das Poem »Wolke in Hosen« herausbringt, und Lilja Brik seine Geliebte und lyrische Muse, eine Art Beatrice der russischen Literatur. Nun ist viel darüber geschrieben und spekuliert worden, welchen Einfluß diese Beziehung zu den Briks auf sein Werk hat, denn gewiß sind vor allem die frühen Poeme und Gedichte wie »Lilitschka!« undenkbar ohne die reale Person Lilja Brik. Viel entscheidender jedoch sind die folgenden historischen Ereignisse, die alles vordergründig Persönliche zunehmend verdrängen. Und er begrüßt sie, die Revolution von 1917 und den Sieg der Bolschewiki mit dem ganzen Erlöserpathos, wie es wohl auch in der Zeit lag. Verse wie: »stark und rein / wie noch nie / faßt mein Geist / das große / Gefühl, / das da *Klasse* heißt!« meinen es vollkommen ernst und sind keine Huldigung wider besseres Wissen. Majakowski schreibt in einer gesellschaftlichen Keimzelle, die noch ganz in ihrer Utopie verkapselt ist und über keine Erfahrungen mit sich selbst verfügt. Nicht unwesentlich für diese ideologische Empfänglichkeit ist auch die futuristische Idee der perfekten Maschine, die den Gedanken des »neuen Menschen« impliziert und in Verbindung mit den gesellschaftlichen Veränderungen als greifbar nah erscheinen läßt. Schon in dem Poem »Wolke in Hosen« von 1915 heißt es: »Ich, Verherrlicher der Maschine, / der Techniken von Manchester und Boston, / bin vielleicht im evangelischen Alltags-Sinne / der dreizehnte Apostel.« Revolutionäre Idee und Verherrlichung der Technik, deren Grund in der Absage an einen Gott liegt und diesen zu ersetzen hat, gehen ineinander und lassen ein konstruiertes und idealisiertes Menschenbild entstehen: nietzscheanisch-transzendental auf der einen, heroisch-androgyn auf der anderen Seite der Geschichte. »Schafft eine neue Kunst, / geeignet, / die Republik aus dem Unrat zu heben!«, schreibt er 1921, dem Jahr der ersten großen Hungersnot in Folge katastrophaler wirtschaftlicher Zustände. Doch so sehr er sich auch müht, ein Arbeiter unter Arbeitern zu werden und eine Poetologie verteidigt, die das Schreiben von Gedichten gleichstellt mit der Produktion einer Ware: Er bleibt doch ein Mann des Wortes und damit ein Intellektueller, der sich zu Volksnähe und Einfachheit immer wieder ermahnen lassen muß. Sein Konzept der Proletarisierung von Poesie geht nicht auf: die Sprache verflacht, um verständlicher für die Masse zu werden, bleibt aber noch immer zu sehr Literatur und damit suspekt. Ein unlösbarer Widerspruch und das beginnende Ende der Illusion. Ab 1922 reist er, nach Lettland, Frankreich, Deutschland und in die USA, wo er, ein glühender Verfechter seiner kommunistischen Überzeugungen noch immer und kurzzeitig sogar sowjetischer Vorzeigedichter, Elli Jones kennenlernt. Mit ihr bekommt er eine Tochter, die er allerdings erst 1929 in Südfrankreich das erste Mal trifft. Seine letzte Liebe wird dann Tatjana Jakowlewa heißen, die in einem 1928 verfaßten »Brief an Tatjana Jakowlewa« auch lyrisch verewigt ist. So sehr nun auch das Ausland ihn feiert, im eigenen Land gerät er zunehmend unter Druck, wird beargwöhnt und bespitzelt und schließlich von der Geheimpolizei systematisch in den Tod getrieben. Seine Komödien »Die Wanze« und

»Das Schwitzbad«, in denen er die Verhältnisse des jungen sozialistischen Staates satirisch aufs Korn nimmt, werden durch Manipulationen der GPU, die Störtrupps in die Vorstellungen schickt, zu Mißerfolgen. Gesundheitlich geht es ihm schlecht, die Freunde und Weggefährten wie Boris Pasternak haben sich lange schon von ihm abgewandt, kurz: von dem Sänger der Revolution ist kaum mehr geblieben als ein Schatten seiner selbst. Und wie er es in einem frühen Gedicht prophezeite, geschieht es: am 14. April 1930 schießt er sich mit einer Pistole ins Herz. In seinem Abschiedsbrief heißt es: »Wie man so sagt, der Fall ist erledigt; das Boot meiner Liebe am Alltag zerschlug.«

III

Jeder stirbt zweimal, einmal physisch und einmal symbolisch. Majakowskis symbolischer Tod lag in Stalins fünf Jahre später geäußertem Bekenntnis: »Majakowski war und bleibt der beste, talentierteste Dichter der Sowjetepoche. Es ist ein Verbrechen, seinem Werk gleichgültig gegenüberzustehen.« Damit war er für die Sowjetliteratur kanonisiert und für den Sozialistischen Realismus vereinnahmt. Etwas Schlimmeres und sein Bild rezeptionsgeschichtlich Vergröberndes konnte ihm kaum passieren. Denn Majakowski, der mindestens ebenso zersplittert war wie die Zeit, in der er wirkte, war von nun an etwas holzschnittartig der Barde der Arbeiterklasse und Sprachrohr der Revolution. Daß sich hinter dieser extrovertierten Schablone ein überaus verletzlicher Mann verbarg, wissen am ehesten die, von denen in den Liebesgedichten mal direkt, mal indirekt die Rede ist: die Frauen, die er oft genug unglücklich liebte. Sicher war er in einer Phase seines Lebens ein Irrläufer. Aber wollen wir auch nicht verkennen, daß die historischen Umbrüche von einer Unabweislichkeit waren, der sich keiner entziehen konnte. Entweder er wurde im Strudel der Ereignisse mitgerissen und ging darin unter, oder er übernahm eine Rolle (– und ging in dieser dann ebenfalls unter). Für ein lyrisches Temperament, wie Majakowski eines war, gab es da im Grunde keine Alternative. Nun ist Kunst immer auch eine kollektive Verabredung darüber, was Kunst ist oder werden kann, und damit ist sie an die Bedingungen ihrer Zeit gebunden. Im Falle Majakowskis waren die Bedingungen eher so, daß sie die Kunst, seine Kunst, schnell verbrauchen mußten. Mit einer Idee verschmolzen zu sein, die zur Ideologie geworden ist und eine politische Exekutive besitzt, ist natürlich in sich schon paradox – jedenfalls für einen Dichter, der nur aus der Freiheit seiner Sprache schöpfen kann. Am Ende war er es selbst, der aufs schärfste gerade deswegen mit sich ins Gericht ging, wenn er schrieb: »Auch mir / wächst die Agitpropkunst / zum Halse heraus«. (...) »Doch ich / bezwang mich, / trat / bebenden Hauchs / dem eigenen Lied / auf die Kehle.« Kürzer und treffender könnte man kaum zusammenfassen, wie missionarischer Eifer mit Selbstverzicht gepaart zur existentiellen Tragödie werden. Was also bleibt, ist die Poesie hinter dem Bekenntnis, und da haben wir doch eine ganze Menge an Gedichten, denen der Verfasser nicht in pragmatischer Absicht »auf die Kehle« getreten ist. Und es sind, dieser Band möge es bestätigen, vor allem die Liebesgedichte.

Kurt Drawert

1893 Wladimir Wladimirowitsch Majakowski wird als drittes Kind und einziger Sohn eines Försters am 19. Juli im georgischen Bagdadi geboren.

1905 Erste russische Revolution, Unruhen und Aufstände auf dem Land und in den Städten.

1906 Nach dem plötzlichen Tod seines Vaters zieht die Familie nach Moskau, wo Majakowski das Gymnasium Nr. 5 besucht. Dort liest er vor allem marxistische Literatur, beteiligt sich an bolschewistischen Aktionen und tritt der Russischen Sozialdemokratischen Arbeiterpartei bei.

1908 Majakowski muß das Gymnasium verlassen, da seine Mutter das Schulgeld nicht mehr aufbringen kann, und wird mehrmals wegen »Aufsässigkeit« und seiner Beziehungen zu den Bolschewiki verhaftet.

1909 Während einer seiner Inhaftierungen entstehen erste Gedichte, die allerdings von den Aufsehern der Gefängnishaftanstalt konfisziert werden.

1911 Beginn eines Studiums an der Moskauer Kunstfachschule.

1912 Majakowski schließt sich der futuristischen Gruppe *Gileja* an, der auch David Burljuk und Welimir Chlebnikow angehören; er veröffentlicht die Gedichte *Nacht* und *Morgen* in dem futuristischen Almanach *Eine Ohrfeige für den öffentlichen Geschmack*.

1914 Beginn des Ersten Weltkrieges. Majakowski wird wegen seiner politischen Aktivitäten zusammen mit Burljuk aus der Kunstakademie ausgeschlossen.

1915 Bekanntschaft mit Gorki und Mitarbeit an der Zeitschrift LEF. Nachdem er als Freiwilliger für den Militärdienst nicht zugelassen wird, beginnt er eine Arbeit bei einer Petrograder Fahrschule. – *Wolke in Hosen*, Poem.

1916 *Die Wirbelsäulenflöte*, Poem.

1917 Beginn der »Oktoberrevolution« und Machtergreifung der Bolschewiki.

1918 Rezitation seiner Gedichte in Flottentheatern vor revolutionä-
ren Matrosen. Rückkehr nach Moskau, wo er satirisch-agitie-
rende Plakate für die Russische Nachrichtenagentur ROSTA ent-
wirft.
Der Mensch, Poem.
Linker Marsch. Den Matrosen.
Mysterium buffo, Drama.
1919 *Gesammelte Werke 1909 – 1919*
1921 Beginn einer ersten großen Hungersnot in Folge von Bürger-
krieg und einer verfehlten Wirtschaftspolitik.
150 000 000, Gedicht.
1922 Auslandsreisen nach Lettland, Frankreich, Deutschland und in
die USA. Mitglied in der *Linken Künstlerfront*.
Ich liebe, Poem.
Wie arbeitet eine demokratische Republik?
1923 *Paris. Unterhaltung mit dem Eiffelturm.*
Darüber, Poem.
1925 *Wladimir Iljitsch Lenin*, Poem.
1926 *Wie macht man Verse?*
1927 *Gut und schön*, Poem.
1928 Beginn der Zwangskollektivierung der selbständigen Bauern-
wirtschaften.
1929 *Die Wanze*, Komödie.
1930 Am 14. April schießt sich Majakowski eine Kugel ins Herz.
Das Schwitzbad, Drama.

Alphabetisches Verzeichnis
der Gedichtüberschriften und -anfänge

Quellenverzeichnis

Die Gedichte wurden entnommen der Werkausgabe: *Wladimir Maja-kowski. Werke. Erster Band, Gedichte*, insel taschenbuch 16, erste Auflage 1973, und *Wladimir Majakowski. Werke. Zweiter Band, Poeme*, insel taschenbuch 53, erste Auflage 1974, hrsg. von Leonhard Kossuth. Deutsche Nachdichtung von Hugo Huppert. Mit Abb., Insel Verlag.

Inhalt

I
*Schroff ist der Abgrund
der Leidenschaft*

II
Ich warf mich in den Kommunismus
aus den Himmeln der Dichtung

III
Das Liebesboot mußte am Dasein zerbrechen

Insel Verlag Anton Kippenberg GmbH & Co. KG
Torstraße 44, 10119 Berlin
info@insel-verlag.de
www.insel-verlag.de